J. Mack Stiles

DIE WAHRHEIT ÜBER LÜGEN

Warum Jesus wichtiger ist, als du denkst

This book was first published by 10Publishing,
a division of 10ofthose.com Unit C, Tomlinson Road, Leyland,
PR25 2DY, England with the title „The truth about lies",
Copyright © 2023 by J. Mack Stiles
Translated by permission. All rights reserved.

Bibelzitate sind in der Regel der Menge 2020 Übersetzung
(CLV Bielefeld) entnommen.

1. Auflage 2024

© der deutschen Ausgabe 2024 bei Daniel-Verlag
Gewerbegebiet 7
17279 Lychen
www.daniel-verlag.de

Satz: Ljubow Ertel, ertelier.de
Umschlaggestaltung: Lucian Binder, Marienheide
Übersetzung aus dem Englischen: Bettina Bräul
Lektorat: Thomas Gutjahr
Druck: cpi books, Leck
ISBN: 978-3-945515-91-4

Gewidmet John T. Lovett, der das Wort hörte

– das sein Leben veränderte –

und den Ratschluss Gottes annahm.

INHALT

DIE GRÖSSTE LÜGE:

Ich versuche, deine Meinung zu ändern. Vielleicht wusstest du das schon, als du zu diesem Buch gegriffen hast. Aber ich möchte da ganz offen sein.

Es gibt ein Meer von unterschwelligen Botschaften da draußen, die alle von Künstlicher Intelligenz in den Hinterzimmern der Technologieunternehmen erstellt werden und so gestaltet sind, dass du von ihren Überredungskünsten nichts merkst. Das ist der Deal, den wir eingehen, und zum größten Teil sind wir damit auch einverstanden. Es ist in Ordnung, wenn es dazu führt, dass wir ein Video anklicken oder ein Shampoo kaufen, aber an die großen Fragen des Lebens sollten wir nicht so herangehen.

Außerdem versuche ich, dich von etwas zu überzeugen, das viel wichtiger ist als Seife. Ich möchte dich davon überzeugen, dass Jesus der ist, für den Er sich ausgegeben hat, und dass Er eine enorme Relevanz für dein Leben hat.

Das ist die Kurzformel dieses Buchs.

Jesus ist relevant.

Vor etwas mehr als zweitausend Jahren stieg ein Mann aus einem kleinen Fischerboot auf einen steinigen Strand. Nichts an seinem Aussehen war beeindruckend. Als Zimmermann hatte Er wahrscheinlich kräftige, schwielige Hände und Unterarme, die von der Sonne des Nahen Ostens gebräunt waren. Er arbeitete zusammen mit seinem Vater und lebte in der Nähe seiner Geschwister. Er stammte aus einem provinziellen Teil des Landes, einer kleinen, eher versteckten Siedlung im Norden, weit weg von der Prominenz und der Politik der Hauptstadt.

Und doch, als *dieser* Mann aus dem Boot stieg und das Ufer betrat, drängten sich Hunderte von Menschen um Ihn. Sie drängelten und riefen durcheinander. Sie stellten Fragen und wollten seine Aufmerksamkeit gewinnen. Nachbarn und Freunde tauschten Gerüchte über Ihn aus und erzählten sich gegenseitig Geschichten über die unmöglichen Dinge, die Er tat – wie Er mit wenigen Worten Kranke heilte und Blinde sehend machte. Jemand sagte, Er könne das Wetter ändern. Andere erzählten von seinen Auseinandersetzungen mit den religiösen Führern und von seiner Fähigkeit, eine Zuhörerschaft stundenlang zu fesseln. Und jeder, so schien es, wollte ein Stück vom Kuchen abhaben.

Durch all dieses Chaos bahnte sich ein Vater stolpernd seinen Weg. Jairus war verzweifelt. Seine zwölfjährige Tochter – seine einzige Tochter – war krank. Todkrank. Jairus war ein Vorsteher der örtlichen Synagoge. Religiös. Rechtschaffen. Angesehen in der Gemeinde. Er hatte alles versucht, um seiner Tochter zu helfen, doch nichts hatte funktioniert.

Aber dieser Zimmermann hatte etwas an sich. Tief in seinem Inneren war sich Jairus sicher, er *wusste*, dass dieser Mann der Einzige war, der ihm helfen konnte. Als er sich durch die Menge quetschte und die anderen zur Seite schob, hob er die Hand und schrie.

Vorne angekommen, fiel er vor den Füßen des Mannes zu Boden, wo der nasse Sand seine Kleidung durchtränkte. Jesus blieb stehen.

Vielleicht kennst du Geschichten über Jesus. Vielleicht auch nicht. Du denkst womöglich, dass das nur etwas für religiöse Menschen sei. Menschen, die auf „diese Art von Dingen" stehen. Für *solche* Menschen sind die Geschichten interessant

– vielleicht. Aber für dich, gerade jetzt, im einundzwanzigsten Jahrhundert, ist nicht sofort offensichtlich, was diese Ereignisse und *dieser* Mann mit dir zu tun haben.

Seit Jesus auf der Erde gelebt hat, ist viel passiert, aber die Menschen sind immer noch dieselben. Sie suchen immer noch nach Sinn und Hoffnung. Sie haben mit Geld, Sorgen und Kummer zu kämpfen. Sie lächeln über Erfolge und ärgern sich über Misserfolge. Sie empfinden Scham. Sie empfinden Freude. Sie suchen nach Antworten. Sie glauben Lügen.

Auch Jesus hat sich nicht verändert, ebenso wenig die Tatsache, dass Er auch heute noch jedem Menschen begegnen will, auch dir.

Jedes der Kapitel in diesem Buch konzentriert sich auf eine Person, die Jesus im Neuen Testament begegnet. Bei jeder Begegnung deckt Jesus eine Lüge auf, die viele von uns als selbstverständliche Wahrheit annehmen, weil wir es so gelernt haben. Doch durch alle diese Enthüllungen zieht sich ein roter Faden: Die Wahrheit ist für dich relevanter, als dir lieb ist.

Die Begegnungen stammen alle aus den folgenden vier Büchern der Bibel: Matthäus, Markus, Lukas und Johannes. Bei diesen Berichten handelt es sich um Biografien, die die Zeit Jesu auf der Erde dokumentieren – ein und dieselbe Geschichte, eingefangen aus vier einzigartigen Perspektiven.

Und was sie zeigen, trifft den Kern dessen, was es bedeutet, Mensch zu sein. Für dich. Und für mich. Sie zeigen: Jesus erfüllt unser größtes Bedürfnis.

Wir beginnen mit Jairus, dem verzweifelten Vater am steinigen Strand.

LÜGE NR. 1
Ich bin Gott egal

Jairus bat Jesus, zu ihm zu kommen und seine sterbende Tochter zu heilen. Also folgte Jesus dem verzweifelten Mann durch die verwinkelten palästinensischen Straßen zu seinem Haus; die Menge drängelte ungeduldig, um Jesus zu sehen und nicht zu verpassen, was Er für das kranke Mädchen tun würde.

Es waren immer Menschenmassen um Jesus herum, zu viele Menschen, als dass Er sich persönlich um einen Einzelnen kümmern konnte, oder? Genau das dachte eine Frau, als Jesus und Jairus an ihr vorbeieilten:

> *Da ging Jesus mit ihm [Jairus]; es folgte ihm aber eine große Volksmenge und umdrängte ihn. Nun war da eine Frau, die schon zwölf Jahre lang am Blutfluss gelitten und mit vielen Ärzten viel durchgemacht und ihr ganzes Vermögen dabei aufgewendet hatte, ohne Nutzen davon gehabt zu haben – es war vielmehr immer noch schlimmer mit ihr geworden –; die hatte von Jesus gehört und kam nun in der Volksmenge von hinten herzu und fasste seinen Rock; sie dachte nämlich: Wenn ich auch nur seine Kleider anfasse, so wird mir geholfen sein.*
>
> **(Markus 5,24–28)**

Diese verzweifelte Frau hatte über ein Jahrzehnt lang unter der „Behandlung" ihrer Ärzte aus dem ersten Jahrhundert gelitten. Wir können nur ahnen, was sie ihr gegen ihre ständigen Blutungen verschrieben haben. Aber was auch immer es war, es funktionierte nicht. Es machte sie nur noch um einiges kränker und ärmer. Und die ganze Zeit über war sie von der Gesellschaft isoliert. In ihrem Zustand galt sie nämlich als „unrein".

Kein Wunder, dass sie unbemerkt bleiben wollte. Sie glaubte, dass sie Jesus nicht wichtig genug war, um seine Aufmerksamkeit zu gewinnen. Er war mit anderen, wichtigeren Dingen beschäftigt, nicht zuletzt damit, der kranken Tochter von Jairus zu helfen. Sie wollte nur eine anonyme Heilung und würde sich dann wieder heimlich davonstehlen. Aber so geht Jesus die Dinge nicht an:

„Und sogleich versiegte die Quelle ihres Blutes, und sie spürte an ihrem Körper, dass sie von der Plage geheilt war. Da nun auch Jesus sogleich in sich selbst erkannt hatte, dass eine Kraft von ihm ausgegangen war, wandte er sich in der Volksmenge um und fragte: Wer hat meine Kleider angefasst? Da sagten seine Jünger zu ihm: Du siehst doch, wie sehr die Volksmenge dich umdrängt, und da fragst du: Wer hat mich angefasst? Doch er blickte rings um sich nach der, die es getan hatte. Da kam die Frau voller Angst und zitternd herbei, weil sie wohl wusste, was mit ihr vorgegangen war, warf sich vor ihm nieder und sagte ihm die ganze Wahrheit.“ **(Markus 5,29–33)**

Jesus ließ nicht zu, dass sie in der Menge verschwand. Er wollte ihr von Angesicht zu Angesicht gegenübertreten. Die Menschen um sie herum konnten sehen, wie sie zitterte, als

sie vor Jesus zu Boden fiel, voller Angst davor, wie Er auf sie reagieren würde.

Nur ein weiteres Gesicht in der Menge?

Wenn du Jesus von Angesicht zu Angesicht gegenüberstehen würdest, was glaubst du, wie Er auf dich reagieren würde? Würde Er missbilligend den Kopf schütteln? Würde Er dich mit offenen Armen empfangen? Würde Er dich vielleicht dazu motivieren, dich mehr anzustrengen? Würde er dein Kumpel sein wollen? Vielleicht wäre Er so entsetzt über dein Leben, dass Er angewidert weggehen würde? Vielleicht würde Er dich auch kaum wahrnehmen, weil Er Wichtigeres zu tun hat?

Trotz der Eile, zu Jairus' Tochter zu kommen, kümmerte sich Jesus um die Frau, die dachte, Er hätte keine Zeit für sie. Als sie sich zitternd zu seinen Füßen beugte, durchbrachen seine Worte die Lüge:

„Er aber sagte zu ihr: Meine Tochter, dein Glaube hat dich gerettet: Geh hin in Frieden und sei von deiner Plage gesund!" **(Markus 5,34)**

Andere hatten sie gemieden, ausgenutzt und im Stich gelassen. Doch Jesus zeigt dieser gebrochenen Frau Gottes Herz.

Er nennt sie „Tochter", schenkt ihr Frieden und stellt sie wieder her.

Lies einmal das Markusevangelium und du wirst sehen, dass dies kein Einzelfall ist. Jeder einzelne Mensch war für Jesus so wichtig. Er hatte Zeit für alle, für die Reichen, die Armen, die von der Gesellschaft Ausgestoßenen und die Beliebten und Angesehenen. Er hatte Zeit für den wichtigen Jairus und für die namenlose Frau.

Jesus sieht jeden Menschen so, wie er sein soll. Und Er tut dasselbe mit dir. Jesus misst deinen Wert nicht an deinem Aussehen, deinem Bankkonto, deiner Abstammung oder deinem Lebensstil. Es spielt keine Rolle, ob dein Selbstwertgefühl himmelhoch oder verschwindend gering ist.

Wie auch immer du dich selbst einschätzt: Jesus zeigt uns, dass der Gedanke „Ich bin Gott egal" eine Lüge ist.

Die Wahrheit: Du bist Gott wichtig, denn …
… Er hat dich geschaffen

Unsere ersten Vorfahren wurden von Gott perfekt erschaffen. Im allerersten Buch der Bibel lesen wir, wie Gott Adam und Eva nach seinem Bild schuf **(1. Mose 1,27)**. In jedem Menschen, dem du begegnest, und auch in dir selbst kannst du ein Echo oder einen Abglanz von Gottes Charakter erkennen. Diese Eigenschaften tauchen auf vielfältige Weise in den Menschen auf, aber mir kommen zwei Arten in den Sinn.

Erstens haben wir die Fähigkeit, uns unserer selbst bewusst zu sein, das heißt: Wir haben ein Gewissen. Die Wissenschaft verheddert sich in dem Versuch, zu verstehen, wie Protoplasma und Kalzium zusammenkommen, sodass wir fähig sind zu denken und zu wissen, *dass* wir denken.

Zweitens spiegeln wir Gottes Herz der Liebe wider; die Bibel sagt, dass Gott Liebe ist **(1. Johannes 4,16)**. Wirklich zu lieben ist eines der erstaunlichsten Dinge am Menschsein.

Das Ebenbild Gottes zu tragen bedeutet, dass alle Nachkommen von Adam und Eva diese Merkmale des Göttlichen in sich tragen.

Deshalb hat jeder Mensch, auch in der entferntesten Ecke der Erde, Wert und Würde – auch ein in Panik geratener Vater und eine blutende Frau. Wer sich zum christlichen Glauben bekennt, wird alle Menschen wertschätzen.

Jesus sieht den Wert, der allen Menschen innewohnt, auch deinen. Und was Jesus über dich denkt, ist viel ausschlaggebender als das, was du über dich selbst meinst.

Du bist Gott wichtig, weil Er dich geschaffen hat. Und Er hat dich mit einem Ziel geschaffen.

... Er hat dich geschaffen, um Ihn zu kennen

Ich habe einen berühmten Freund namens Wesley Korir. Er ist Marathonläufer und hat einmal den Boston-Marathon und zweimal den L. A.-Marathon gewonnen. Er trat sogar bei den Olympischen Spielen für Kenia an.

Ich vermute, er hat Fans, die mehr über ihn wissen als ich. Aber wenn diese Fans ihn auf der Straße sehen würden, würde Wesley schnurstracks an ihnen vorbeigehen, es sei denn, sie bitten ihn um ein Autogramm. Würde Wesley hingegen mir auf der Straße zufällig begegnen, so würde er nach mir rufen und mich umarmen. Viele Menschen wissen von Wesley. Sie wissen vieles *über* ihn. Ich kenne ihn.

Gott hat alles in der Schöpfung ins Dasein gerufen, aber nur die Menschen wurden geschaffen, um Gott in einer lebendigen, dynamischen, wechselseitigen Beziehung zu kennen. Wir wurden geschaffen, um *„mit Gott zu wandeln"* **(1. Mose 3,8)**, und nicht nur, um Dinge von Ihm zu bekommen und dann davonzuschleichen wie die Frau in der Menge. Jesus will diese persönliche Begegnung mit allen, die im Glauben zu Ihm kommen.

... Er hat dich geschaffen, um Ihn als Vater zu kennen

In jeder Kultur, in der ich gelebt habe, gibt es ein Kosewort für Vater: Daddy auf Englisch, Papa auf Spanisch und Baba auf Swahili, Kurdisch und Arabisch. Oft ist es das erste Wort, das ein Baby lernt. Auf Aramäisch, der Sprache Jesu, heißt es Abba. Als die Jünger Jesus bitten: *„Lehre uns beten"*, fordert Jesus sie geradewegs auf, Gott „Vater" zu nennen **(Lukas 11,1–2)**. Viele Menschen auf der Welt haben schlechte Väter und manchmal sind sie diejenigen, die am besten wissen, wie ein guter Vater sein sollte. Gott weiß, wie man ein guter Vater ist.

Der Apostel Johannes schreibt in seinem Evangelium, dass diejenigen, die an Jesus glauben, das Recht erhalten, Teil der Familie zu werden: *„Allen aber, die ihn aufnahmen, gab er das Anrecht, Kinder Gottes zu werden, nämlich denen, die an seinen Namen glauben"* **(Johannes 1,12)**.

Erinnerst du dich, wie Jesus die Frau nannte, die vor Ihm kniete und ihre Geschichte erzählte? Er zeigt ihr das väterliche Herz Gottes, indem er sie „Tochter" nennt.

... Er hat dich geschaffen, um Ihn für immer als Vater zu kennen

Wir können nur ahnen, was Jairus durch den Kopf ging, als er ängstlich wartete, während Jesus mit der Frau sprach. Wenn sie doch nur bald wieder weitergehen könnten! Aber noch immer sprach Jesus mit der Frau, als Jairus der Schlag traf:

„Während er noch redete, kamen Leute aus dem Haus des Synagogenvorstehers mit der Meldung: Deine Tochter ist gestorben: Was bemühst du den Meister noch?" **(Markus 5,35)**

Trotz dieser Nachricht ging Jesus weiter zu dem Haus, das nun von den lauten Klagen der vielen Freunde und Familienangehörigen dieses wichtigen Mannes erfüllt war.

„[Jesus] nahm nur den Vater des Kindes und die Mutter und seine Jünger, die ihn begleiteten, mit sich und ging [in das Zimmer] hinein, wo das Kind lag. Dann fasste er das Kind bei der Hand und sagte zu ihm: Talitha kumi!, was übersetzt heißt: Mädchen, ich sage dir: Steh auf! Da stand das Mädchen sogleich auf und ging umher; denn sie war zwölf Jahre alt. Da gerieten sie sofort vor Staunen ganz außer sich." **(Markus 5,40–42)**

Mit zärtlichem Mitgefühl stellte Jesus ein weiteres Leben und eine weitere Familie wieder her. Aber als Jesus dieses zwölfjährige Mädchen auferweckte, verwandelte er nicht nur den Kummer ihrer Eltern in Freude; Er zeigte uns im Kleinformat, was Er im Großformat tun wird.

Jesus kann uns das ewige Leben schenken – ein Leben, in dem wir Gott, unseren Vater, auf ewig in einer immer reifer werdenden Beziehung kennen und uns an Ihm freuen. Wir sind für Gott zutiefst wertvoll, weil wir ewige Wesen sind. Er hat uns als unendliche Wesen geschaffen. Unser Körper stirbt, aber unser Geist wird ewig leben. Wir sind Gott wichtig. Er hat uns geschaffen, damit wir die Ewigkeit mit Ihm verbringen.

LÜGE NR. 2

Es reicht, ein guter Mensch zu sein

Mein Vater ist Arzt, orthopädischer Chirurg. In seinem Beruf hat er Tausenden von Menschen geholfen. Aber fast jede gute Nachricht, an der mein Vater beteiligt ist, beginnt mit einer schlechten Nachricht. Die Szene spielt sich oft ungefähr so ab: Ein Patient findet sich in der Praxis meines Vaters ein, um zu hören: „Ich fürchte, es ist ernst. Ihre Hüfte ist in einem derart schlechten Zustand, dass Sie bald nicht mehr laufen können, wenn Sie nichts dagegen unternehmen."

Die schlechte Nachricht ist immer ein Schock. Wenn sie dann durchgesickert ist, bietet mein Vater eine Lösung an: „Aber mit einer Operation können wir das Hüftgelenk ersetzen und Sie werden sich fühlen wie neu geboren."

So funktioniert eine gute ärztliche Betreuung: erst die schlechte, dann die gute Nachricht. Und kein Patient, der vor die Wahl gestellt wurde, zog einen Rollstuhl der Operation vor.

Dasselbe gilt für unsere Seelen. Jesus ist ein fachkundiger Arzt mit einer guten Nachricht für die Welt. Doch zuerst ...

Die schlechte Nachricht

In den Tagen Jesu ein religiöser Führer zu sein, bedeutete, dass man reich, mächtig und gefürchtet war. An der Spitze der Leiter der zahlreichen religiösen Sekten stand die ernsthafteste religiöse Gruppe: die Pharisäer. Diese verfolgten Jesus. Jesus bezeichnete sie nämlich unerschrocken und öffentlich als Heuchler und blinde Führer. Die meisten Pharisäer reagierten daher mit Hass auf Jesus und planten, Ihn zu ermorden.

Doch einige Pharisäer waren neugierig, und einer von ihnen, Nikodemus, suchte Jesus auf.

Wir wissen nicht, was er vorhatte oder warum er nachts zu Jesus kam. Ich vermute, er kam, um diesen ungeschulten Zimmermann in Öffentlichkeitsarbeit zu unterrichten. Wenn Jesus nur aufhören würde, den Mächtigen die Wahrheit zu sagen, könnte Er seine Popularität steigern.

Wir könnten uns fragen, ob Nikodemus im Schutz der Dunkelheit kam, um nicht mit Jesus gesehen zu werden – schließlich würde das seinem Ruf schaden. Wie auch immer, Nikodemus sah etwas in Jesus, das ihn dazu brachte, es zu riskieren.

Als die beiden Männer miteinander sprachen, war Nikodemus derjenige, der sich auf der Schulbank wiederfand. Jesus sprach wieder einmal die Wahrheit zu einem Mächtigen, und seine Diagnose war ernst:

> *„Nun war da unter den Pharisäern ein Mann namens Nikodemus, ein Oberster der Juden; dieser kam zu Jesus bei Nacht und sagte zu ihm: Rabbi, wir wissen: Du bist ein Lehrer, von Gott gekommen; denn niemand kann solche Wunderzeichen tun, wie du sie tust, wenn Gott nicht mit ihm ist. Jesus gab ihm zur Antwort: Wahrlich, wahrlich, ich sage dir: Wenn jemand nicht von oben her geboren wird, kann er das Reich Gottes nicht sehen."* **(Johannes 3,1–3)**

Nikodemus war nicht nur religiös, sondern er war auch ein politischer Herrscher in Jerusalem, der Hauptstadt Israels. Doch all das schien für Jesus keine Rolle zu spielen. Unabhängig von der Position, die ein Mensch in den Königreichen der Erde haben mag, versicherte Jesus Nikodemus: „Niemand kann das Reich *Gottes* sehen, wenn er nicht von Neuem geboren wird."

Hier ist die schockierende und schonungslose Diagnose: Niemand, nicht einmal Nikodemus, ist für den Himmel tauglich. Unabhängig von seiner strengen Religionsausübung, seinem moralisch tadellosen Verhalten oder seiner bürgerlichen

Ehrbarkeit – nichts an Nikodemus' Leben oder Charakter verschaffte ihm den Zugang zu Gott.

Wie ein guter Arzt beschönigt Jesus nicht die schlechte Nachricht oder umschifft die Wahrheit. Nikodemus musste mit Jesus noch einmal ganz vorne anfangen: von Neuem geboren werden. Zu sagen, dass diese Diagnose den Patienten schockierte, wäre eine Untertreibung.

> *„Nikodemus entgegnete ihm: Wie kann jemand geboren werden, wenn er alt ist? Kann er etwa zum zweiten Mal in den Schoß seiner Mutter eingehen und geboren werden?"*
> **(Johannes 3,4)**

Nikodemus nimmt Jesus wörtlich und tut seine Worte als absurd ab. Jesus erklärt es ihm noch einmal.

> *„Jesus antwortete: Wahrlich, wahrlich, ich sage dir: Wenn jemand nicht aus Wasser und Geist geboren wird, kann er nicht in das Reich Gottes eingehen. Was aus dem Fleisch geboren ist, das ist Fleisch, und was aus dem Geist geboren ist, das ist Geist. Wundere dich nicht, dass ich zu dir gesagt habe: Ihr müsst von oben her geboren werden."*
> **(Johannes 3,5–7)**

Die Wiedergeburt, die wir brauchen, ist nicht körperlicher, sondern geistlicher Art. Unsere physische Geburt gab uns physisches Leben, aber wenn wir geistliches Leben wollen, brauchen wir eine geistliche Geburt. Ohne sie sind wir geistlich ungeboren, oder besser gesagt: geistlich tot. Und keine unserer menschlichen Bemühungen, keine Tugend und keine Religion kann daran etwas ändern. Das ist unser Problem, und dieses Problem ist so alt wie Adam.

Ein uraltes Problem

Es hat nicht immer ein Problem gegeben. Lasst uns die biblische Geschichte zurückspulen, um zu sehen, an welcher Stelle alles schiefgelaufen ist. Nikodemus hätte diese Wahrheiten kennen müssen. An folgende Dinge hätte der Lehrer Israels sich eigentlich erinnern müssen …

Es gab eine Zeit, in der alles perfekt war. Am Anfang kannten die Menschen Gott, unseren Schöpfer, vom Sehen her, und als in Gottes Ebenbild Geschaffene sprachen Adam und Eva von Angesicht zu Angesicht mit Ihm und liebten Ihn, einander und die Welt. Gott, der von Liebe und Freude überströmt, hatte viel von sich selbst in die Menschen hineingelegt.

Doch dann rebellierten unser erster Vater und unsere erste Mutter auf unerklärliche Weise gegen Gott und seine

Wege. Obwohl Gott sie warnte, dass der Ungehorsam den Tod bringen würde, verführte der Satan, der gefallene Engel und Gott-Hasser, sie zu einem törichten Verrat, indem er ihnen die vergebliche Hoffnung gab, Götter zu werden. Satan hatte natürlich gelogen. Aber unsere Mutter und unser Vater begingen Hochverrat an ihrem ehemaligen Freund und Schöpfer.

Obwohl Gott sie liebte, liebte Er auch die Gerechtigkeit. Sein Urteil war die Trennung: Die Menschen sollten keine Gemeinschaft mehr mit Gott haben. Der Fluch brachte Dinge mit sich, die zuvor unbekannt waren: Hass, Eifersucht, Mord, ständiger Krieg, Trennung zwischen den Menschen und Gott und letztlich den Tod - den Tod in einer ewigen Hölle. Der Fluch wurde von Generation zu Generation weitergegeben – Fleisch brachte Fleisch zur Welt. Wir wurden wie Babys drogensüchtiger Eltern, die die Sünden unserer Väter erbten, geboren in zuckender Rebellion, Verrat und Sünde, immer begleitet von einer unnatürlichen Trennung von Gott. Und wir spüren diese Entfremdung.

Sobald die Menschheit fiel, kam es zu einer Entfremdung zwischen den Menschen und dem Rest von Gottes Schöpfung, als die Welt weniger ein Garten und mehr eine Wildnis wurde. Es gab eine Entfremdung zwischen Männern und Frauen und in der Familie: Es dauerte nicht lange in der Menschheitsgeschichte, bis ein Bruder den anderen ermordete. Schlimmer noch, es gab eine Entfremdung zwischen uns und Gott.

Wir sind Fleisch und wir bringen nur noch mehr Fleisch hervor. Das irdische Leben schafft nur noch mehr irdisches Leben. Was auf natürliche Weise entsteht, ist nicht das Leben des Himmels, es ist ein vom Himmel abgeschnittenes Leben. Wir sind wie die Zweige eines Baumes, die von ihrer Lebensquelle abgetrennt sind – wir verdorren und vergehen. Mein Vater musste in seiner Arztpraxis nie jemandem eine so schlechte Nachricht überbringen.

Und als ob diese Situation nicht schon schlimm genug wäre, macht seither ein falsches Heilmittel die Runde, das sich Milliarden von Menschen verschreiben lassen: *Es reicht, ein guter Mensch zu sein.* Aber das ist eine Lüge.

Gut zu sein ist tatsächlich nicht gut genug

Natürlich kannte der religiöse Nikodemus den Genesis-Bericht über den Sündenfall der Menschheit. Er kannte die schlechte Nachricht. Das Problem war, dass auch er auf das falsche Heilmittel hereinzufallen schien. Ich kann mir gut vorstellen, wie er sagte: „Absolut, das Problem ist gravierend, deshalb können wir nicht nur auf das Beste hoffen, wir müssen uns bemühen, gut zu sein! Wir müssen uns an alle religiösen Vorschriften halten!" Spenden, Kirchgang, Ehrenamt, soziale Gerechtigkeit. Kein Mord, kein Stehlen, kein Urteilen über andere. Dann werden unsere guten Taten unsere schlechten Taten überwiegen und Gott wird uns seine Zustimmung geben.

Gut zu sein ist doch gut genug, oder? Dieser Glaube an die menschliche Güte ist weit verbreitet und tödlich, weshalb Jesus ihn in Johannes 3 so deutlich in Frage stellt. Er fordert uns auf, uns selbst gegenüber ehrlich zu sein. Das ist nicht leicht.

Ich liebe meine Frau, meine Kinder, meine Eltern und meine guten Freunde. Aber ehrlich gesagt, wenn ich an die Dinge denke, die ich am meisten bedauere – Dinge, wo ich mein Leben darum geben würde, um sie rückgängig zu machen –, dann erkenne ich meine Heuchelei darin, dass ich genau die Menschen verletzt habe, die ich am meisten liebe. Wenn ich an bestimmte Dinge zurückdenke, die ich gesagt oder getan habe, zucke ich über meinen dummen Stolz zusammen. Vermischt mit all dem Bewundernswerten steckt in jedem von uns eine Menge von falschen Motiven und egoistischen Reflexen.

Es ist oft einfacher, die Fehler der anderen zu sehen, aber ich weiß, dass die hohen Anforderungen, die ich an sie stelle, für mich selbst unmöglich zu erfüllen sind. Ich bin sehr gut darin, inkonsequent zu sein. Ich bin sehr gut darin, mich zu rechtfertigen. Ich hasse diese Heucheleien, aber sie kommen ans Licht, wenn ich aufhöre, mich zu rechtfertigen. Ich vermute, dir geht es manchmal genauso, und damit sind wir schon zu zweit.

Wir kämpfen weiter und versuchen, unsere Probleme mit schlechtem Verhalten, Rassismus, Wut, Lust und Gier in den Griff zu bekommen, aber es scheint dann an anderen Stellen in unserem Leben aufzutauchen. Wir stopfen diese sündigen Verhaltensweisen tief in uns hinein, nur um sie dann auf ungesunde Weise zum Vorschein kommen zu lassen. Infolgedessen sind wir uns oft des Schadens, den wir uns selbst oder unseren Mitmenschen zufügen, nicht bewusst, bis es zu spät ist.

Aber in dem Moment, wo eine geheime Sucht zu einer öffentlichen Anhörung vor Gericht führt, wenn der Tod eines geliebten Menschen tiefes Bedauern hervorruft, wenn eine Krebsdiagnose uns mit unserer Sterblichkeit und unseren Ängsten vor der Zukunft konfrontiert – die Liste ließe sich endlos fortsetzen –, dann ändert sich etwas.

Wenn wir Tragödien, Tod, Reue oder menschlicher Zerbrechlichkeit gegenüberstehen, wenn wir mit dem konfrontiert werden, was wir sind, dann erkennen wir die Wahrheit dessen, was Jesus sagt: „Was aus dem Fleisch geboren ist, das ist Fleisch". Wir leben ein Leben in Selbstsucht und Zerbrechlichkeit, und dieses irdische Leben klebt an uns wie die Haut an unseren Knochen. Wir können ihm nicht entkommen.

Es reicht also nicht aus, uns zusammenzureißen. Wir brauchen eine Neugeburt.

Genau das, was der Arzt verschrieben hat

Wenn mein Vater eine Diagnose stellte, erwartete er nicht, dass seine Patienten sich anschließend selbst operierten. Er überbrachte die schlechte Nachricht und er kümmerte sich um die Behandlung. Genauso ist es mit Gott.

Als Jesus zu Nikodemus sagte, er müsse „von Neuem geboren" werden, verkündete Er eine alte Hoffnung. Sie sollte Nikodemus an die Verheißung Gottes erinnern, die durch den alttestamentlichen Propheten Hesekiel verkündet wurde:

> *„Und ich will euch ein neues Herz geben und einen neuen Geist in euer Inneres geben; das steinerne Herz will ich aus eurem Fleisch wegnehmen und euch dafür ein fleischernes Herz geben. Ich will meinen Geist in euer Inneres geben und will solche Leute aus euch machen, die in meinen Satzungen wandeln und meine Rechte beobachten und tatsächlich ausführen."* **(Hesekiel 36,26–27)**

Beachte die vielen Male, in denen Gott „Ich" sagt. *Gott* wird dieses Problem lösen. Gott ist der Arzt, der anbietet, eine geistliche Herzoperation durchzuführen.

Ironischerweise ist mein Vater letztes Jahr gestürzt und hat sich die Hüfte gebrochen. Später sagte er mir, dass er viel mehr Mitgefühl für seine Patienten gehabt hätte, wenn es vor seiner Pensionierung passiert wäre. Aber stell dir die Szene einmal vor: Er wird auf der Trage ins Krankenhaus geschoben, bekommt die Instrumente für eine vollständige Hüftoperation in die Hand gedrückt und soll sich selbst operieren. Viele Menschen meinen, das Christentum würde sie genauso zur Selbstbehandlung auffordern.

Die Bibel ist sogar noch anschaulicher. Dort wird unser natürlicher geistlicher Zustand so beschrieben, dass wir bei unserer Ankunft bereits tot sind (DOA[1]). Und es gibt nichts, was auch nur einer dagegen tun könnte. Jede Krankenschwester in der Notaufnahme wird dir sagen, dass sich DOA-Patienten nicht eigenständig an ein Beatmungsgerät anschließen, den Defibrillator aufladen und sich selbst zurück ins Leben schocken. Dazu ist immer die Arbeit von Krankenpflegern und Ärzten erforderlich.

Genauso sind wir bei unserer Geburt geistliche DOA-Patienten – Fleisch hat nämlich immer nur noch mehr Fleisch geboren. Wir brauchen Hilfe von außen. Wir brauchen den Geist

---

1 Abkürzung für „dead on arrival" – „tot bei Ankunft", ein Code, der im amerikanischen Rettungsdienst verwendet wird.

Gottes, der uns zu einem neuen Leben erweckt, indem Er uns ein neues Herz gibt, das unser kaltes, steinernes Herz ersetzt.

Ohne dieses Werk Gottes in unseren Herzen können wir Ihn nicht erkennen. Jesus hat das mit Nachdruck betont: Wenn wir nicht von Neuem geboren werden, können wir nicht in das Reich Gottes eingehen, mehr noch: wir können es nicht einmal sehen. Es geht also tatsächlich nicht darum, gut zu sein. Es geht darum, neu gemacht zu werden.

All das ist nicht leicht zu hören, aber es kommt von Jesus. Und Er sagte es zu einem der religiösesten Menschen auf diesem Planeten. Wenn irgendjemand Gott durch sein eigenes Gutsein hätte gefallen können, dann wäre es Nikodemus gewesen. Zweifellos war Nikodemus von diesem Gespräch so erschüttert, wie wir es jetzt vielleicht auch sind, aber wir bekommen einen Hinweis darauf, dass Nikodemus am Ende nicht nur die Diagnose, sondern auch das Heilmittel annahm.

Viel später, als Jesus gekreuzigt wird und sowohl Religiöse als auch Nicht-Religiöse Ihn verlassen oder ablehnen, ist Nikodemus einer der wenigen, die mutig genug sind, sich auf die Seite Jesu zu stellen und nicht auf die Seite der Mehrheit. Wir wissen nicht, wie lange Nikodemus mit den Worten Jesu gerungen hatte, bevor er sie annahm, aber ich kann mir nicht vorstellen, dass Nikodemus jemals vergessen hat, was Jesus als Nächstes sagte:

„Denn so sehr hat Gott die Welt geliebt, dass er seinen eingeborenen Sohn hingegeben hat, damit alle, die an ihn glauben, nicht verloren gehen, sondern ewiges Leben haben."

(Johannes 3,16)

Diese Worte sind auch für uns bestimmt. Für diejenigen, die erkennen, dass sie die Kluft zwischen sich und Gott nicht überbrücken können, ist die gute Nachricht, dass Jesus sie für sie überbrückt.

LÜGE NR. 3
Jesus ist eine Inspiration

In der Regel steht Jesus in der Wertschätzung der Menschen hoch im Kurs. Er war ein guter Mann, sogar ein Prophet; ein erstaunlicher Lehrer, von dem man viel lernen kann, eine Inspiration für die Menschheit. Das ist eine Lüge. Zumindest ist es eine Lüge, wenn man glaubt, das sei schon *alles*, was Er war.

Die Pharisäer hüteten sich zu glauben, Jesus sei ein guter Mensch. Sie hüteten sich zu denken, sie könnten Ihm einfach den „Daumen hoch" geben und dann weitermachen wie bisher. Sie wussten, dass die Taten und Worte Jesu alles in Frage stellten, wofür sie standen. Selbst der faszinierte Pharisäer Nikodemus wollte Jesus den Kopf zurechtrücken.

Jesus machte diese religiösen Männer zutiefst fassungslos, als Er erklärte, Er könne den Menschen ihre Sünden vergeben – Blasphemie! – als „Menschensohn" und „Herr auch über den Sabbat" **(Markus 2,28)**. Das waren keine inspirierenden Worte, das war Ketzerei. Und als der Druck zunimmt, lässt Jesus keineswegs nach, sondern nimmt den Kampf auf:

> *„Als er dann wieder einmal in die Synagoge gegangen war, befand sich dort ein Mann, der eine verdorrte Hand hatte; und sie lauerten ihm auf, ob er ihn am Sabbat heilen würde, um dann eine Anklage gegen ihn erheben zu können. Da sagte er zu dem Mann, der die verdorrte Hand hatte: Steh auf [und tritt vor] in die Mitte! Dann fragte er sie: Darf man am Sabbat Gutes tun, oder [soll man] Böses tun? Darf man ein Leben retten, oder [soll man es] töten? Sie aber schwiegen. Da blickte er sie ringsum voll Zorn an, betrübt über die Verstocktheit ihres Herzens, und sagte zu dem Mann: Strecke deine Hand aus! Er streckte sie aus, und seine Hand wurde wiederhergestellt.“* **(Markus 3,1–5)**

Wir wissen nichts weiter über den Mann, der geheilt wird, aber wir wissen viel über diejenigen, die mit „verstocktem Herzen" zusehen.

Die Pharisäer verbanden Politik mit einer strengen Auslegung des Religionsgesetzes. Aus heutiger Sicht wären sie so etwas wie ein US-amerikanischer Kongressabgeordneter oder ein britischer Parlamentsabgeordneter, aber untermauert mit einer rechtschaffenen religiösen Praxis. Es gab nie ein Gesetz, das sie nicht mochten. Und insbesondere die Gesetze über die Einhaltung des Sabbats – ihres heiligen Tages – schätzten sie so sehr, dass sie Gottes Gebot, einen Tag in der Woche zu ruhen, mit genauen Angaben darüber ergänzten, was genau als „Arbeit" gilt. Selbst das Tragen einer Matte oder das Gehen über ca. einen Kilometer hinaus waren zwei der vielen Dinge, die nicht erlaubt waren.

War es richtig, dass Jesus an einem Sabbat heilte? Sie brauchten nicht lange zu debattieren:

> *„Da gingen die Pharisäer sogleich hinaus und berieten sich mit den Anhängern des Herodes über ihn, wie sie ihn umbringen könnten."* **(Markus 3,6)**

Keine Wertschätzung für die Heilung des Mannes. Kein Staunen darüber, dass Jesus dieses Wunder tun konnte. Keine Zweifel an ihren Zweifeln. Nur eines: Dieser Mann musste sterben!

Jesus wusste, dass sie versuchen werden, Ihn zu töten. Deshalb hatte Er sie gefragt, ob es falsch sei, am Sabbat zu töten. Wenn es jemals ein umfassendes Bild von Heuchelei gegeben hat, dann hier: Die Pharisäer planen einen Mord – am Sabbat.

So rigoros die Pharisäer auch die Gesetze Gottes vertraten: Sie hatten vergessen, dass es im Gesetz darum ging, Gutes zu tun und Leben zu retten, Gott und andere zu lieben. Jesus wusste das. Ihn motivierte mehr als nur die Liebe zu dem Mann, der Heilung brauchte.

Jesus hätte ihn im Stillen nach der Versammlung oder an einem anderen Tag der Woche heilen können, aber Er wollte die Lügen der Pharisäer entlarven. Er erkannte ihr hartes Herz, sah ihren Verrat im Voraus und heilte den Mann trotzdem.

Jesus weiß, dass es so ist, als hätte Er sein eigenes Todesurteil unterzeichnet. Aber Er hört nicht auf, weil Er weiß, dass das unsere einzige Hoffnung ist. Diese Geschichte ist größer als die Heilung der Hand eines Mannes. Sie ist ein Bild dafür, wozu Jesus gekommen ist.

Wir sind dieser gebrochene Mann. Wir sind in verzweifelter Not. Wir sehnen uns danach, gesund zu werden. Und Jesus gibt dem Mann mehr als nur eine neue Hand. Jesus opfert sein Leben, um ihn vollständig wiederherzustellen.

Außerdem gab Jesus sein Leben, um die Wahrheit zu offenbaren. Aus unserer Sicht des einundzwanzigsten Jahrhunderts neigen wir dazu, die Pharisäer zu verunglimpfen, aber genau wie sie können auch wir darüber stolpern, was Jesus über sich selbst lehrt.

Die Lüge: Jesus ist eine Inspiration

Ich habe sechzehn Jahre lang mit meiner Familie in Dubai gelebt. Dubai ist ein Knotenpunkt der Welt, an dem Menschen unterschiedlichster Herkunft zusammenleben. Dort schloss ich Freundschaft mit einem weißen Südafrikaner namens Basie. Er wuchs während der Zeit der Apartheid in Südafrika auf. Zu dieser Zeit hielt Basie die weiße Führung für richtig und gut. Er und seine Familie profitierten von der Apartheid, und Basie kämpfte sogar in den Apartheidskriegen in Angola mit.

Aber der Basie, den ich in Dubai kennenlernte, war ganz anders; es war eindeutig, dass er die Apartheid verworfen hatte. Er liebte alle Menschen und behandelte alle mit demselben Respekt. Als ich ihn auf seine Vergangenheit ansprach, sagte Basie etwas, das ich nie vergessen habe: „Mack, du kannst dir nicht vorstellen, wie schrecklich es war, eines Tages aufzuwachen und festzustellen, dass alles, woran du geglaubt hast, alles, wofür du dein Leben eingesetzt hast, alles, wofür du gelebt hast, eine Lüge war, und die Apartheid ist eine Lüge."

Könnte es sein, dass du eine Lüge über Jesus geglaubt hast – dass du dich in ein System des Unglaubens eingekauft hast, das vielleicht ein paar nette Dinge über Jesus sagt, dir aber erlaubt zu leben, wie du willst?

Jesus ist weit mehr als eine bloße Inspiration; wenn du so denkst, begibst du dich auf gefährliches Pharisäer-Terrain.

Im Johannesevangelium erfahren wir mehr Details über eine der vielen Sabbatdebatten zwischen Jesus und den Pharisäern, die nach einer anderen Heilung folgte:

„Deshalb verfolgten die Juden Jesus, weil er dies am Sabbat tat. Jesus aber antwortete ihnen: Mein Vater wirkt bis jetzt, und ich wirke auch. Deshalb trachteten die Juden umso mehr danach, ihn zu töten, weil er nicht nur den Sabbat brach, sondern auch Gott seinen eigenen Vater nannte und sich damit Gott gleichmachte." **(Johannes 5,16–18)**

Als die Pharisäer allmählich erkannten, dass Jesus behauptete, Gott gleich zu sein, hatten sie einen frommen Grund, das auszuführen, was sie bereits beschlossen hatten. Auch wenn sie vorher für Jesus gewesen wären, war es für sie undenkbar, dass sich jemand mit dem allmächtigen Schöpfergott auf eine Stufe zu stellen wagt. Deshalb versteckten sie ihren Zorn nicht.

Doch Jesus wich nicht zurück, sondern setzte noch eins drauf. Er hat dieselbe Macht über Leben und Tod wie Gott, der Vater, Er verrichtet das göttliche Werk des Gerichts und Er verlangt dieselbe Ehre:

„Daher sprach sich Jesus ihnen gegenüber so aus: [...] Denn wie der Vater die Toten auferweckt und lebendig macht, ebenso macht auch der Sohn lebendig, welche er will. Denn auch der Vater ist es nicht, der jemand richtet; sondern er hat das Gericht ganz dem Sohn übergeben, damit alle den

Sohn ebenso ehren, wie sie den Vater ehren. Wer den Sohn nicht ehrt, ehrt auch den Vater nicht, der ihn gesandt hat."

(Johannes 5,19.21–23)

Jesus glaubte, dass Er der heilige Sohn Gottes ist, der von Gott, dem Vater, in die Welt gesandt wurde. Er lehrte, dass Er nicht nur ein guter Mensch oder gar ein von Gott gesandter Prophet war. Er erklärte, dass Er so viel mehr als nur eine bewundernswerte Person oder eine motivierende Figur ist. Entweder ist Er der Sohn Gottes, oder Er ist eine Lüge.

Die Wahrheit: Jesus ist der Sohn Gottes

Wir alle kennen Menschen, die zwar viel reden, aber ihren Worten keine Taten folgen lassen. Jesus hat nie einen Freund verraten. Sex, Geld, Macht oder Ruhm haben Ihn nie verführt. Er tratschte nicht. Er liebte die Jungen und die Alten; Er beachtete die Reichen und die Armen. Er behandelte Frauen und Menschen anderer Nationalitäten mit Würde und Respekt. Er hat nie jemanden für irgendetwas ausgenutzt. Er hat nie ein Versprechen gegeben, das Er nicht gehalten hat.

Als die Menschenmenge Ihn lobte, war Jesus demütig. Als der Mob seinen Tod forderte, blieb Jesus standhaft. Sein Leben stand in perfektem Einklang mit seinen Lehren und

Überzeugungen. Kein normaler Mensch könnte das tun. Kein Schwindler würde das schaffen.

Einer von Jesu Lieblingstiteln für sich selbst war „Menschensohn". Das ist eine Anspielung auf das biblische Buch Daniel im Alten Testament, wo sich einer „wie eines Menschen Sohn" Gott dem Vater näherte:

> *„Ihm [dem Sohn des Menschen] wurde dann Herrschaft, Ehre und Königtum gegeben, sodass alle Völker, Völkerschaften und Sprachen ihm dienten. Seine Herrschaft sollte von ewiger Dauer und unvergänglich sein und sein Königtum ein solches, das niemals vernichtet werden kann."*
>
> **(Daniel 7,14)**

Jesus wird eines Tages als der erkannt werden, der Er wirklich ist, und wird dann von allen angebetet werden. Der Sohn des Menschen ist der Sohn Gottes.

Wir können mit Ihm nicht machen, was wir wollen. Wir können Ihn nicht auf Distanz halten, indem wir Ihn lediglich als guten Menschen oder als inspirierendes moralisches Beispiel betrachten. Er ist derjenige, der „alle Herrschaft, Ehre und Königtum" besitzt. Und wir müssen zu Ihm kommen und Ihn als unseren Gott anbeten.

LÜGE NR. 4

Ich muss zuerst an mich selbst denken

Jakobus und Johannes machten ihrem Spitznamen „Donnersöhne" alle Ehre. Obwohl ungestüm und übermütig, waren die Brüder dennoch zwei der zwölf Jünger, die Jesus folgten, von Ihm lernten und alle seine Wunder erlebten.

Eines wurde ihnen zunehmend klarer: Jesus war Gottes Messias – Gottes König, der eines Tages siegreich regieren würde. Prima, dachten sie, da wollen wir dabei sein ...

„*Da traten Jakobus und Johannes, die Söhne des Zebedäus, an ihn heran und sagten zu ihm: Meister, wir möchten, dass du uns eine Bitte erfüllst. Er fragte sie: Was wünscht ihr von mir? Sie antworteten ihm: Gewähre uns, dass wir in deiner Herrlichkeit einer zu deiner Rechten und einer zu deiner Linken sitzen dürfen! Da sagte Jesus zu ihnen: Ihr wisst nicht, um was ihr da bittet.*" **(Markus 10,35–38)**

Es dauerte nicht lange, bis die anderen Jünger von diesem privaten Gespräch erfuhren, und sie waren nicht gerade begeistert. *Was glauben die eigentlich, wer die sind? Warum sollten sie die besten Plätze bekommen? Und was ist mit uns?*

Man sagt uns, wir sollen an uns selbst glauben. Man sagt uns, wir können alles erreichen, wenn wir es nur wollen. Man sagt uns, wir sollen uns selbst fördern und uns selbst priorisieren. Und wenn wir ehrlich sind, wollen wir in so vielen Bereichen des Lebens nach vorne kommen – weiter als die anderen, wenn wir wirklich ehrlich sind. Wir wollen die Beförderung, den Sieg. Wir wollen von unseren Freunden anerkannt und bewundert werden. Es ärgert uns, wenn andere wahrgenommen werden und wir nicht.

Uns wird beigebracht, auf unsere Rechte zu pochen. Wir treffen Entscheidungen, die uns selbst nützen. Wir sind vielleicht nicht so ungeniert wie Jakobus und Johannes, aber wir alle wollen instinktiv im Leben die Nase vorn haben. Die Brüder wollten Anerkennung und Erfolg, ebenso wie die übrigen Jünger, die sich eifersüchtig um ihren Rang stritten.

Der Groll zwischen den Freunden wuchs und es fielen harte Worte, bis Jesus seine Gruppe der Langsam-Lerner zusammenrief, um ihnen noch einmal zu erklären, dass sein Weg dem Rest der Welt zuwiderläuft:

„Da rief Jesus sie zu sich und sagte zu ihnen: Ihr wisst, dass die, welche als Herrscher der Völker gelten, sich als Herren gegen sie benehmen und dass ihre Großen Gewalt über sie ausüben. Bei euch aber darf es nicht so sein, sondern wer unter euch groß werden möchte, muss euer Diener sein, und wer unter euch der Erste sein möchte, muss der Knecht aller sein; denn auch der Menschensohn ist nicht [dazu] gekommen, um sich dienen zu lassen, sondern um selbst zu dienen und sein Leben als Lösegeld für viele zu geben."

(Markus 10,42–45)

Jesus sagt, Ihm zu folgen bedeutet, andere an die erste Stelle zu setzen. Jesus nachzufolgen ist nicht der Weg nach oben, um weltliche Größe zu erlangen. Es bedeutet, Jesus nach unten in den Dienst zu folgen.

Und warum? Weil es das ist, was Jesus getan hat. Obwohl Er *„Gottes Gestalt besaß ... entäußerte [er] sich selbst [seiner Herrlichkeit]"*; Er gab die Herrlichkeit des Himmels auf und wurde *„den Menschen gleich"* **(Philipper 2,6–7)**.

Jesus, der ganz Gott ist, wurde auch ganz Mensch.

Er hätte im Himmel bleiben können, doch Er entschied sich dafür, in eine arme Familie geboren zu werden, ein hartes Leben zu führen und schließlich einen qualvollen Tod zu sterben. Er wurde einer von uns, um uns zu helfen. Er stellte andere an die erste Stelle. Jesus selbst ist ein Diener.

Der Weg des Kreuzes

Noch bevor Jakobus und Johannes ihren Antrag auf Beförderung gestellt hatten, stellten die Jünger die Weisheit Jesu in Frage. Jesus nachzufolgen bedeutete, nach Jerusalem zu reisen und sie alle in große Gefahr zu bringen. Es bedeutete eine Konfrontation mit denen, die schon lange beschlossen hatten, diesen Prediger hinzurichten. Jesus bestätigt ihre Befürchtungen:

> *„Sie waren aber auf dem Weg und zogen hinauf nach Jerusalem; Jesus ging ihnen [dabei] voran, und sie entsetzten sich; die ihm Nachfolgenden aber waren voll Furcht. Da nahm er die Zwölf nochmals [allein] zu sich und begann mit ihnen von dem Geschick zu sprechen, das ihm bevorstände: Seht, wir ziehen jetzt nach Jerusalem hinauf, und der Menschensohn wird den Hohenpriestern und Schriftgelehrten ausgeliefert werden; sie werden Ihn zum Tode verurteilen und ihn den Heiden ausliefern; die werden ihn dann verspotten und anspeien, geißeln und töten; und nach drei Tagen wird er auferstehen."* **(Markus 10,32–34)**

An ein Kreuz gehängt zu werden, bedeutete, zu Tode gequält zu werden. Die Kreuzigung fand in der Öffentlichkeit statt, und die Gekreuzigten litten oft tagelang. Sie starben den Erstickungstod: Bei jedem Atemzug mussten sie sich gegen die durch Hände und Füße getriebenen Nägel stemmen, bis sie aufgrund von Schwäche und Schmerzen wieder nach unten fielen – immer und immer wieder.

Es war ein Tod der Demütigung, der Qualen und der unerträglichen Schmerzen. Man kann sich kaum eine grausamere Form der Hinrichtung vorstellen, und sie diente wirksam dazu, die Bevölkerung in Schach zu halten.

Doch der Tod durch die Kreuzigung war schon immer der Plan Jesu gewesen – lange bevor Er die Erde betreten hatte. Jesus lehnte es ab, sich selbst an die erste Stelle zu setzen und stellte stattdessen andere über sich selbst. Das führt zu der offensichtlichen Frage: Wie kann uns dieser schreckliche Tod helfen? Dies scheint eine seltsame Art zu sein, anderen zu dienen.

Denk noch einmal daran, was Jesus zu Jakobus und Johannes sagte: „*Denn auch der Menschensohn [Jesus] ist nicht gekommen, um sich bedienen zu lassen, sondern um selbst zu dienen und sein Leben als Lösegeld für viele zu geben.*" Die Art und Weise, wie Jesus andere vor sich selbst stellt, besteht darin, dass Er stirbt, um sie freizukaufen.

Entführt

Bis vor kurzem lebte ich im Irak. Während meines Aufenthalts erhielt ich ein Rundschreiben der amerikanischen Botschaft für alle im Land lebenden US-Bürger:

> Ort: *Irak*. Ereignis: *Das US-Außenministerium hat den Reisehinweis für den Irak mit Informationen über Bürgerunruhen aktualisiert: Reisen Sie nicht in den Irak aufgrund von Terrorismus, Entführungen, bewaffneten Konflikten, zivilen Unruhen, COVID-19 und der begrenzten Kapazität der Mission Irak, US-Bürgern Unterstützung zu bieten.*
> *Ich wünsche Ihnen einen schönen Tag.*

Während meiner Zeit im Irak habe ich oft solche Mitteilungen erhalten, aber was mir in diesem neueren Rundschreiben auffiel, war die Erwähnung von „Entführungen". Ich habe jahrelang in Ländern gelebt, in denen Entführungen ein großes Geschäft waren.

Im Jahr 2016 gab es in Bagdad über 700 Entführungen, und das sind nur die, die offiziell gemeldet wurden. Der Wert der Person bestimmt den Betrag, der gezahlt wird. Für leitende Angestellte von Unternehmen können es ungeheure Summen sein. Für arme Pastoren – nicht sehr viel. Eine Lösegeldzahlung, die in der Nähe unseres Wohnorts geleistet wurde, war vielleicht eine der höchsten überhaupt: eine halbe Milliarde Dollar für 26 katarische Bürger, von denen einige zur Königsfamilie gehörten.

Diese 26 Menschen waren sich sehr bewusst, dass sie ein Lösegeld brauchten, aber es gibt viele andere Menschen auf der Welt, die, auch wenn sie es nicht wissen, ebenfalls jemanden benötigen, der sie freikauft. Eigentlich brauchen wir alle jemanden.

Wir sind nicht so frei, wie wir meinen

Niemand kann genau sagen, wie viele Sklaven es im Römischen Reich gab, aber die Schätzungen gehen in die Millionen. Einige wurden in die Sklaverei hineingeboren, andere gerieten in Kriegsgefangenschaft, wieder andere wurden aufgrund von Schulden in die Sklaverei verkauft oder verkauften sich sogar selbst. Für die meisten war es eine lebenslange Strafe, aber für einige gab es eine kleine Hoffnung auf Freiheit. Die Freiheit konnte nämlich erkauft werden.

Als Jesus sagte, Er würde sich selbst nicht an die erste Stelle setzen, sondern *„sein Leben als Lösegeld für viele geben"*, beschrieb das verwendete griechische Wort die Zahlung, die geleistet wurde, um eine versklavte Person zu befreien. Ich weiß nicht, wie es dir geht, aber es gab eine Zeit, in der ich nicht das Bedürfnis hatte, von irgendetwas befreit werden zu müssen. Wir können leicht getäuscht werden.

Bei einer anderen Gelegenheit erklärte Jesus: *„Jeder, der die Sünde tut, ist der Sünde Sklave"* **(Johannes 8,34)**.

Die meisten Menschen halten Rassismus, Mord oder Kindesmissbrauch für Sünden, und damit haben sie zweifellos recht. Aber Jesus lehrte, dass alle Sünden aus einer Quelle stammen: unserem sündigen Zustand.

Wir ermorden vielleicht niemanden, aber wer kann wirklich behaupten, dass er frei von der eigentlichen Ursache ist – der Wut? Vielleicht stehle ich nicht, aber Neid und Eifersucht scheinen wie von selbst aus meinem Herzen zu fließen. Das Gleiche gilt für den Drang zu betrügen, gierig zu sein und zu hassen. Wie Jakobus und Johannes sind wir voll von Selbstsucht. Wir wollen instinktiv den ersten Platz belegen, auch wenn das auf Kosten anderer geht.

Wir sind in der Sünde gefangen. Du glaubst mir nicht? Versuche einmal, einen Tag lang jeden, den du siehst, so zu lieben, wie du dich selbst liebst. Jakobus und Johannes konnten das nicht, und wir können es auch nicht. Wir stellen schnell fest, dass wir Sklaven des Stolzes, der Ungeduld, des Egoismus und aller möglichen anderen Dinge sind. Einzelne Sünden kommen als Ausdruck unseres zugrundeliegenden Sündenzustandes zum Vorschein wie Symptome einer tödlichen Krankheit. Dies ist einer der seltenen Fälle, wo der Plural (Sünden) kleiner ist als der Singular (Sünde). Wir sind von der Sünde versklavt.

Im Kern ist unser Sündenzustand Unglaube. Mit dem Unglauben begann die Trennung von Gott durch unsere Vorfahren und er setzt sich fort, wenn wir auch heute nicht an Gott glauben. Wir glauben nicht, dass Er ein guter Gott ist, der für uns sorgt, also kämpfen wir darum, zu bekommen, was wir brauchen. Wir glauben nicht, dass seine Wege die besten sind oder dass Sünden unsere Seelen verletzen. Wir gehen unseren eigenen Weg und stellen uns selbst an die erste Stelle, weil wir Ihm nicht vertrauen.

Und wenn wir Gott ablehnen, bleibt uns nur sein Urteil. Aber das ist nicht unsere einzige Option.

Es ist bezahlt

Wir haben Gottes Gericht und Strafe verdient. Wie anfangs Adam und Eva verdienen auch wir, von Gottes Gegenwart ausgeschlossen zu werden und für immer von Ihm entfremdet zu bleiben. Aber Jesus nimmt die Strafe auf sich, damit wir frei sein können.

So wie eine versklavte Person im Römischen Reich freigekauft werden konnte, so können auch wir aus unserer Sklaverei der Sünde befreit werden. Am Kreuz bezahlte Jesus das Lösegeld, um uns zu befreien. Das ist eine Zahlung, die wir niemals selbst hätten leisten können. Jesus bot sein vollkommenes Leben als Gegenleistung für unser verschuldetes Leben an, und Er tat dies aus freien Stücken. Diese Zahlung befreit alle, die zu Ihm kommen wollen.

Am Kreuz waren die letzten Worte Jesu vor seinem Tod: *„Es ist vollbracht"* **(Joh 19,30).** Man könnte diesen Satz auch mit *„Es ist bezahlt!"* übersetzen. Jesus hat das Lösegeld übergeben: ein vollkommenes Leben, das in den Tod ausgeschüttet wurde. Und was ist unsere Antwort? Wir müssen dieses Geschenk demütig annehmen. Das biblische Wort dafür ist „Glaube".

Glaube und Vertrauen sind der Schlüssel, der die Tür zu Gott öffnet. Denke noch einmal an diesen unbegreiflichen Vers aus der Begegnung von Nikodemus mit Jesus:

„Denn so sehr hat Gott die Welt geliebt, dass er seinen eingeborenen Sohn hingegeben hat, damit alle, die an ihn glauben, nicht verloren gehen, sondern ewiges Leben haben." **(Johannes 3,16)**

Jesus kam bereitwillig, um uns freizukaufen. Wenn wir auf das Kreuz schauen, sehen wir, dass Er für uns gestorben ist. Der Glaube bedeutet, dass wir die Freiheit, die Er uns von der

Sünde anbietet, annehmen – wir nehmen Jesus an. Wenn wir sehen, wie Jesus ausruft: „Es ist bezahlt", können wir sagen: „… und diese Bezahlung gilt *für mich*."

Ein biblischer Prophet namens Jesaja beschrieb die Bedeutung des Kreuzes schon viele Jahre bevor Jesus geboren war:

> *„Und doch war er verwundet um unserer Übertretungen willen und zerschlagen infolge unserer Missetaten; die Strafe lag auf ihm zu unserem Frieden, und durch seine Striemen ist uns Heilung zuteilgeworden. Wir gingen alle in die Irre wie Schafe, ein jeder wandte sich auf seinen Weg; der Herr aber warf unser aller Schuld auf ihn."* **(Jesaja 53,3–5)**

In Demut und Vertrauen müssen wir Jesus bitten, uns freizukaufen.

Es dauerte eine Weile, bis sie es verstanden hatten, aber Jakobus und Johannes kamen an den Punkt, an dem sie nicht mehr krampfhaft versuchten, selbst am besten wegzukommen. Sie ließen sich von Jesus dienen, indem sie Ihn ihr Lösegeld bezahlen ließen, und sie fanden die Freiheit. Genau das können wir auch erleben. Das Leben des Glaubens ist das Leben der Freiheit.

LÜGE NR. 5

Ich habe meine Wahrheit, du hast deine

Es ist Freitagmorgen, nur wenige Stunden bevor Jesus hingerichtet werden soll. Die religiösen Autoritäten haben es endlich geschafft, Jesus verhaften zu lassen, und in ihrer Bosheit und Eifersucht bestehen sie darauf, dass die Römer Ihn auf ihre berühmt-berüchtigte brutale Weise hinrichten.

Es gab vieles, was sie an Jesus ärgerte, aber sie wussten genau, welche Anklage die Römer interessieren würde: Jesus behauptete König zu sein – der König der Juden. Er rebellierte gegen die Herrschaft des Kaisers. Also verhörte Pilatus, der römische Statthalter der Provinz, den Unruhestifter:

> *„Pilatus ... ließ Jesus rufen und fragte ihn: Bist du der König der Juden? Jesus antwortete: Fragst du so von dir selbst aus, oder haben andere es dir von mir gesagt? Pilatus antwortete: Bin ich etwa ein Jude? Dein Volk, und zwar die Hohen-*

priester, haben dich mir überliefert: Was hast du getan? Jesus antwortete: Mein Reich ist nicht von dieser Welt. Wäre mein Reich von dieser Welt, so würden meine Diener [für mich] kämpfen, damit ich den Juden nicht überliefert würde; nun aber ist mein Reich nicht von hier. Da sagte Pilatus zu ihm: Ein König bist du also? Jesus antwortete: Du sagst es: Ich bin ein König. Ich bin dazu geboren und dazu in die Welt gekommen, um für die Wahrheit Zeugnis abzulegen; jeder, der aus der Wahrheit ist, hört meine Stimme. Darauf antwortete ihm Pilatus: Was ist Wahrheit?!"

(Johannes 18,33–38)

Für Pilatus war die Wahrheit keine feste Realität, an die er sich anpassen musste. Die Wahrheit konnte ignoriert, abgelehnt oder zu etwas Bequemerem geformt werden. Er verstand sich selbst als jemanden, der das Sagen hatte, selbst über Fakten.

Als Realität galt das, was er sagte. Schließlich war er der Herrscher; die römischen Soldaten unterstanden seinem Befehl und er hatte auch die Macht über Leben und Tod dieses mittellosen Predigers. Jesus war ein Verurteilter ohne Verteidigung, ohne Geld, ohne Stellung und ohne Armee.

Pilatus hatte alle Trümpfe in der Hand. Es hätte einfach sein müssen, aber an diesem Freitag sehen wir, wie Pilatus alles dreht und wendet, um die Wahrheit so zurechtzubiegen, wie es ihm passt. Am Ende sitzt er in der Falle, wie alle anderen auch, die versuchen, die Wahrheit zu manipulieren.

Pilatus wusste, dass Jesus keine Rebellion gegen den Kaiser anzettelte. Er wusste, dass das Eigeninteresse der religiösen Führer ihre Anschuldigungen und ihr Handeln motivierte. Pilatus konnte *„keinerlei Schuld an ihm"* finden **(Johannes 18,38)**. Trotzdem wurde Pilatus in eine Reihe von gescheiterten Verhandlungen verwickelt, anstatt einfach einen Unschuldigen freizusprechen.

Wenn Pilatus nur an die Wahrheit und an Recht und Unrecht geglaubt hätte, wäre alles ganz anders gekommen. Stattdessen stand er in krassem Gegensatz zu diesem Mann. Jesus war nicht bereit zu verhandeln. Jesus kam, *„um für die Wahrheit Zeugnis abzulegen"*, auch wenn Ihn das sein Leben kostete. Trotz aller Bemühungen von Pilatus hörte die Menge nicht auf zu schreien: *„Kreuzige Ihn!"*. Die religiöse Führung ließ sich nicht von ihrem Kurs abbringen, egal, welches politische Spiel Pilatus zu spielen versuchte. Anstatt die Wahrheit der Situation zu akzeptieren und das Richtige zu tun, kämpfte Pilatus verzweifelt darum, die wütende Menge von Ausschreitungen abzuhalten und die Führer davon, ihn mit allen Mitteln zu untergraben. Schließlich lehnte er Wahrheit und Gerechtigkeit ab und *„übergab ... ihnen Jesus zur Kreuzigung"* **(Johannes 19,16)**.

54

Es fällt nicht leicht, mit Pilatus zu sympathisieren, aber ich frage mich, ob wir nicht alle dazu neigen, uns die Wahrheit manchmal zurechtzulegen, dass sie uns passt, oder sie ganz zu ignorieren. Natürlich ist es nicht unser Ziel, Leben zu zerstören. Aber da wir anderen nicht vorschreiben wollen, was richtig und falsch ist, könnten auch wir versucht sein zu fragen: „Was ist Wahrheit?" Oder selbst wenn wir eine Vorstellung davon haben, was wahr ist, wäre es vielleicht mitfühlender und weniger wertend zu sagen: *Du hast deine Wahrheit und ich habe meine.*

Was für mich wahr ist, sollte ich anderen nicht aufzwingen. Was für dich wahr ist, sollte mir besser nicht aufgezwungen werden. Nicht wahr?

Du hast deine Wahrheit, ich habe meine?

Manche Dinge im Leben sind Geschmackssache. Musikstile, Urlaubsziele, Filmgenre. Diese Art von Vielfalt unter uns Menschen ist gottgegeben. Aber wir würden diese Einstellung niemals auf medizinische Belange übertragen: *Gelbe Tabletten sind einfach nichts für mich; mir gefallen die blauen besser.* Wir würden sie auch nie in technischen Dingen anwenden: *Ich weiß, dass es eine tragende Wand ist, aber ich möchte sie lieber abreißen.* Genauso sollten wir diese Einstellung in geistlichen

Dingen vermeiden: *Ich weiß, was Jesus sagt, aber ich ziehe es vor, die Dinge anders zu sehen ...*

Die Wahrheit ist nicht unendlich flexibel. Es gibt eine Art und Weise, wie die Dinge tatsächlich sind – aber so gerne wir es vielleicht hätten: wir können die Realität nicht wegwünschen oder erzwingen.

Wenn ein Arzt eine Diagnose stellt, kannst du mit den Röntgenbildern und Testergebnissen nicht einverstanden sein. Es steht dir frei, ihm „deine Wahrheit" darüber zu sagen, dass das Weiterrauchen die perfekte Behandlung ist. Es steht dir frei, seine Referenzen, sein Urteilsvermögen und seine Beweggründe in Frage zu stellen. Du kannst alles, was er sagt, ignorieren. Aber wenn du dich nicht an die Realität anpasst, wirst du die Konsequenzen tragen.

Ich weiß, dass uns exklusive Behauptungen unangenehm sind, aber Jesus hatte keine Angst, sie aufzustellen. Er sagt:

„Ich bin der Weg und die Wahrheit und das Leben; niemand kommt zum Vater außer durch mich." **(Johannes 14,6)**

Jesus macht deutlich: Wenn du gerettet werden willst, wenn du Vergebung deiner Sünden und die Aufnahme in Gottes Familie willst, gibt es nur eine Möglichkeit: Ihn.

Kurz nachdem Er sich selbst zum einzigen Weg zu Gott erklärt hatte, und nur wenige Stunden bevor Er vor Pilatus stand, kniete Jesus vor seinem Vater im Gebet nieder. In Angst und Schrecken, mit Schweißtropfen, die wie Blutstropfen zur Erde fielen, flehte Jesus Gott an, nicht ans Kreuz gehen zu müssen.

„... [er] warf sich auf die Erde nieder und betete, dass, wenn es möglich sei, die Stunde an ihm vorübergehen möchte; dabei sagte er: Abba, Vater! Alles ist dir möglich: Nimm diesen Kelch von mir! Doch nicht, was ich will, sondern was du willst!" **(Markus 14,35–36)**

Es gab keinen anderen Weg. Nur Jesus konnte die Menschen freikaufen, und Er musste an ihrer Stelle sterben, um den Preis zu bezahlen. An diesem Punkt müssen wir alle eine Entscheidung treffen. Ist Jesus der einzige Weg, Gott zu erkennen, wie Er behauptet, oder lügt Er?

Wir können seine Worte akzeptieren; wenn wir Gott kennenlernen wollen, müssen wir Ihm vertrauen. Oder wir lehnen seine Worte ab und nennen Ihn einen Lügner. Zwei Möglichkeiten – die Wahrheit von Jesus oder meine Wahrheit. Es kann nicht beides richtig sein.

Die Wahrheit hat einen Namen

Es gibt Wahrheiten in dieser Welt, die unumstößlich sind, ganz gleich, wie wir uns die Dinge auch *wünschen* mögen. Handlungen haben Konsequenzen. Das Universum hat eine Maserung; wenn du wie Pilatus gegen den Strich gehst, wirst du Splitter abbekommen. Die Wahrheit spielt eine Rolle.

Manche denken, dass solche Aussagen dazu dienen, Spaß zu verbieten. Vielleicht hört es sich für dich auch so an? Aber mein Ziel ist es, dich auf die Wahrheit hinzuweisen, die maximale Freude garantiert! Es gibt eine Art und Weise, wie das Universum funktioniert, aber es ist keine starre, unnachgiebige Kraft. Im Grunde ist es *Jesus*, der im Zentrum dieser Welt steht. Derselbe Jesus, der vor Pilatus stand und sich zur Hinrichtung abführen ließ.

Dies ist seine Welt und Er betrat sie, um sie zu retten. Sein Ziel war es, Menschen zu retten, seine Mission war durchtränkt von der Liebe zu genau den Menschen, die Ihn misshandelten. Und ebenso liebte Er uns. Das bedeutet, dass hinter und unter den physischen, unumstößlichen Tatsachen der Welt etwas noch viel Tiefgründigeres liegt: Es gibt eine Person, die dich liebt – eine Wahrheit, die einen Namen hat: Jesus!

Wenn Jesus sich selbst als *„die Wahrheit"* bezeichnet, ist das keine abstrakte Behauptung. Er sagt es in dem Zusammenhang, dass Er *„der Weg"* (d. h. der Weg zu Gott) und *„das*

Leben" (d. h. ein Leben in Fülle, das ewig andauert) ist. Jesus ist die Wahrheit, die die Tür zu einer Beziehung mit Gott und zu einer Ewigkeit außerhalb dieser Welt öffnet.

"Was ist Wahrheit?" Das ist eine der wichtigsten Fragen, die man stellen kann, und Pilatus richtete sie an die Person, die sie am besten beantworten konnte. Aber dieser römische Statthalter bestand nicht darauf, die Antwort zu hören.

Das hätte er aber tun sollen. Die nachfolgenden Ereignisse dieses Freitags geben uns die unglaublichste Antwort. Die grundlegende Wahrheit ist, dass es einen Gott gibt, der vor nichts zurückschreckt – nicht einmal vor dem Tod am Kreuz – um uns zu lieben, um uns zu erlösen und wiederherzustellen. Das ist die Wahrheit – nicht *meine* Wahrheit oder *deine* Wahrheit, sondern *die* Wahrheit.

LÜGE NR. 6
Mit dem Tod ist alles vorbei

Wieder kamen ihr die Tränen, als Maria sich leise auf den Weg zum Grab Jesu machte. Der dunkle frühe Morgen fühlte sich bedrückend an, aber sie konnte nicht länger warten, um zum Grab zu gehen.

> *„Am ersten Tag nach dem Sabbat aber ging Maria Magdalena frühmorgens, als es noch dunkel war, zum Grab hin und sah, dass der Stein vom Grab weggenommen war. Da eilte sie hin und kam zu Simon Petrus und zu dem anderen Jünger, den Jesus [besonders] lieb gehabt hatte, und sagte zu ihnen: Man hat den Herrn aus dem Grab weggenommen, und wir wissen nicht, wohin man ihn gelegt hat!"* **(Johannes 20,1-2)**

Jesus hatte seine Auferstehung angekündigt, aber selbst seine eifrigsten Gläubigen hatten nicht damit gerechnet. Als sie das leere Grab sah, reagierte Maria so, wie du oder ich reagie-

ren würden. *Jemand muss den Leichnam mitgenommen haben!*
Ihre Angst wurde größer.

> *"Maria aber war draußen am Grab stehen geblieben und weinte ... [sie wandte] sich um und sah Jesus dastehen, wusste aber nicht, dass es Jesus war. Da sagte Jesus zu ihr: Frau, warum weinst du? Wen suchst du? Sie hielt ihn für den Gärtner und sagte zu ihm: Herr, wenn du ihn weggetragen hast, so sage mir doch, wohin du ihn gelegt hast; dann will ich ihn wieder holen."* **(Johannes 20,11.14–15)**

Selbst als sie dem auferstandenen Jesus begegnete, hatte die Wahrheit der Auferstehung noch nicht die Lüge überstrahlt, die sie geglaubt hatte, nämlich dass Tote nicht auferstehen. Was würde sie überzeugen? Auf wunderbare Weise gelang es Jesus mit einem einzigen Wort:

> *Jesus sagte zu ihr: Maria! Da wandte sie sich um und sagte auf Hebräisch zu ihm: Rabbuni!, das heißt: Meister. Jesus sagte zu ihr: Rühre mich nicht an, denn ich bin noch nicht zu meinem Vater aufgefahren! Geh aber zu meinen Brüdern und sage ihnen: Ich fahre auf zu meinem Vater und eurem Vater, zu meinem Gott und eurem Gott. Da ging Maria Magdalena hin und verkündigte den Jüngern, dass sie den*

Herrn gesehen habe und er dies zu ihr gesagt habe."

(Johannes 20,16–18)

Nicht sie hat Ihn gefunden, Er hat sie gefunden. Nicht sie rief Ihn beim Namen, Er rief sie beim Namen. Und die schlimmste Erfahrung ihres Lebens verwandelte sich in die beste. Sie warf sich in die Arme ihres Retters.

Ich weiß nicht, ob du jemals jemanden verloren hast, den du liebst. Ich schon. Maria wurde von ihren Gefühlen überwältigt, als sie sich an ihren kostbaren Lehrer klammerte. Sie hatte Ihn bereits einmal verloren und wollte Ihn nicht noch einmal verlieren. Aber Jesus sagte ihr, sie solle hingehen und die Freude verbreiten, indem sie den Jüngern mitteilte, dass Jesus den Tod besiegt hatte.

Warum das Leben verschwenden?

Die lange Reise vom Irak in die USA dauert etwa dreiundzwanzig Stunden. Vor ein paar Jahren saß ich auf einer neunstündigen Etappe neben einem Mann aus Schottland. Wir waren beide gelangweilt und hatten viel Zeit, also fingen wir an, uns zu unterhalten. Irgendwann fragte er mich, was ich mache.

„Ich bin Pastor einer Gemeinde im Irak", sagte ich. Seine Augen wurden immer größer, er starrte mich an, und dann, als ob er nicht anders konnte, platzte er heraus: „Warum in aller Welt tut sich das jemand an?" Warum sollte jemand weit weg von Freunden und Familie leben und sich Gefahren aussetzen, um anderen von einer historischen Figur zu erzählen?

Ich hätte diese Frage auf viele Arten beantworten können, aber ich sagte: „Nun, weil ich wirklich und aufrichtig glaube, dass dieser Mann, Jesus Christus, von den Toten auferstanden ist."

Er hielt inne, starrte vor sich auf den Sitzplatz und nickte zustimmend: „Verstehe."

Er hat es verstanden. Das ist die Antwort, die dem christlichen Glauben und der christlichen Praxis einen Sinn gibt. Die Auferstehung Jesu ist der Angelpunkt, an dem der gesamte christliche Glaube hängt. Wenn Jesus von den Toten auferstanden ist, leibhaftig, historisch – also wieder richtig lebendig – dann sind die übrigen Argumente, Beweise und Erklärungen über Jesus und den christlichen Glauben zweitrangig.

Wenn Jesus von den Toten auferstanden ist, wird alles, was Er gesagt und gelehrt hat, bestätigt. Wenn Jesus von den Toten auferstanden ist, hat sein Tod am Kreuz, der uns von der Sünde befreit, funktioniert. Wenn Jesus von den Toten auferstanden ist, ist der Tod nicht das Ende.

Aber wenn Jesus nicht aus dem Grab auferstanden ist? Dann ist der christliche Glaube mehr als wertlos; er ist eine Täuschung und eine Lüge und hat mehr Schaden angerichtet als Nutzen gebracht. Die Bibel bestätigt dies:

> *„Ist aber Christus nicht auferweckt worden, so ist unsere Predigt leer und leer auch euer Glaube ... Wenn die Toten nicht auferweckt werden, so ‚lasst uns essen und trinken, denn morgen sind wir tot!'"* **(1. Korinther 15,14.32).**

Wäre es nicht wunderbar, wenn „Mit dem Tod ist alles vorbei" eine Lüge wäre? Wenn wir nicht einfach verrotten würden? Wenn es tatsächlich ein Leben nach dem Tod gibt? Wenn Jesus vor 2000 Jahren aus seinem Grab gestiegen ist, dann ist der Tod nicht das Ende.

Was sind die Beweise dafür?

Kürzlich hörte ich einen Atheisten mit einem Christen diskutieren, der sagte, er könne nicht an Jesus glauben, weil die Menschen, die über Ihn geschrieben haben, dies auf Tierhäuten taten. „Ich schätze, das bedeutet, dass wir den Satz des Pythagoras auch für unwahr erklären müssen, da er ebenfalls auf Tierhäuten aufgeschrieben wurde", antwortete der Diskutant.

Wir halten uns gerne für intelligenter und fortschrittlicher als die Alten, aber die Wahrheit hat nichts mit dem Jahrhundert zu tun, in dem wir leben, oder mit der Art der Kommunikation, sondern mit ... der Wahrheit.

Zu oft lehnen Menschen Jesus aus den fadenscheinigsten Gründen ab. Wenn sie das tun, fällt es mir schwer, sie ernst zu nehmen. Aber wenn jemand sagt: „Ich glaube nicht an Jesus, weil ich nicht glauben kann, dass Er von den Toten auferstanden ist", dann kann ich das respektieren. Er versteht nämlich, dass dies der Kern des Problems ist.

Es stimmt mich allerdings traurig, denn es gibt überwältigende Beweise dafür, dass Jesus von den Toten auferstanden ist. Viele Menschen haben sehr viel Zeit und Gedanken investiert, die Auferstehung zu belegen, und ich möchte kurz auf fünf Hauptgründe eingehen, warum es vernünftig ist, daran zu glauben.

1. Das Versprechen von Jesus

Der erste Grund zu glauben ist, dass Jesus versprochen hat, von den Toten aufzuerstehen. Wir haben vorhin eine seiner zahlreichen Vorhersagen gesehen: Auf dem Weg nach Jerusalem sagt Jesus seinen Jüngern, was Ihn erwartet – Verspottung, Auspeitschung, Tod, und dann, drei Tage später, die Auferstehung **(Markus 10,34)**.

Wenn Jesus der ist, der Er zu sein vorgibt – der Herr, der Sohn Gottes, der König seines Reiches, der Weg, die Wahrheit und das Leben –, dann können wir seinen Worten vertrauen. Wenn Er das ist, wäre es tatsächlich überraschend, wenn Er in einem Jerusalemer Grab verwesen würde. Der Tod ist für Gott kein Gegner. Die göttliche Identität Jesu und die Wahrheit der Auferstehung stehen und fallen mit Ihm.

2. Der Tod Jesu

Jesus starb an diesem Freitag. Er wurde am Kreuz nicht ohnmächtig, um später wieder zu sich zu kommen. Jesus war furchtbar gefoltert worden. Die Soldaten – Experten in Sachen Kreuzigung und Tod – sahen, dass Er tot war.

Um sicherzugehen, stießen sie dennoch einen Speer in Jesu Seite, woraufhin Blut und Wasser herausströmten (nach dem Tod trennt sich das Blut in Plasma und geronnene rote Blutkörperchen, aber das konnten sie damals nicht wissen; der Jünger Johannes beschreibt in **Johannes 19,34** nur, was er gesehen hatte). Jesu Tod war eine sehr öffentliche Angelegenheit mit zahlreichen Augenzeugen.

3. Die Erscheinungen Jesu

Die religiösen Führer taten alles, was sie konnten, um die Anhängerschaft Jesu zu zerstören. Wenn es einen Leichnam gegeben hätte, den sie hätten vorzeigen können, um die Berichte über seine Auferstehung zu unterdrücken, hätten sie ihn vorgeführt. Aber es gab keinen Leichnam, den man hätte zeigen können. Stattdessen trat Jesus nach seinem Tod öffentlich auf. Seine Jünger sprachen mit Ihm, aßen mit Ihm, stellten Ihm wochenlang Fragen, bevor Er in den Himmel zurückkehrte.

Er lehrte und unterwies sie, wenn sie zusammen waren. Er zeigte ihnen die Narben der Kreuzigung an seinen Händen und Füßen. Aber nicht nur seine engsten Freunde sahen Ihn, Jesus erschien Hunderten von Menschen **(1. Korinther 15,3–8)**.

4. Die Zeugen Jesu

Wenn die Menschen die Geschichte erfunden haben, warum waren dann Frauen die ersten Zeugen der Auferstehung am Grab? Im ersten Jahrhundert war es Frauen nicht einmal erlaubt, vor Gericht auszusagen. Wenn es sich um einen Mythos handelte, würden die Autoren keine Frauen als Zeugen auftreten lassen. Aber es kommt noch schlimmer: Wenn die Autoren die Auferstehung erfunden hätten, warum sollten sie dann später für ihren Glauben daran sterben? Wer würde schon für eine Lüge sterben?

5. Der Sieg Jesu

Schließlich breitete sich die Gemeinde ohne Armee, Geld oder politische Macht rasch aus, trotz starkem und todbringendem

Widerstand. Der Erfolg einer solchen Bewegung ist historisch beispiellos.

Als Christus an jenem Freitag begraben wurde, wurde das Christentum mit Ihm begraben. Seine irdischen Gefolgsleute waren keine beeindruckenden Menschen. Sie waren nicht die einflussreichen Persönlichkeiten ihrer Zeit, die den Glauben der Gesellschaft leicht hätten prägen können. Die Jesus-Bewegung hätte mit Jesus sterben müssen.

Aber das tat sie nicht. Sie breitete sich unter seinen Anhängern aus, die wahrhaftig und aufrichtig glaubten, dass der Mann, Jesus Christus, von den Toten auferstanden war. Und von dort aus verbreitete sie sich wie keine andere Bewegung auf der Erde je zuvor. Es ist nahezu unmöglich, dies zu erklären, wenn Jesus unter der Erde geblieben wäre.

Ich könnte noch viel mehr dazu sagen, aber ich wollte diese Punkte auflisten, damit du siehst, dass es keinen Grund gibt, sich von seinem Denkvermögen zu verabschieden, um an die leibliche Auferstehung von Jesus zu glauben. Wenn du skeptisch bist, bitte ich dich dringend, dir die Beweise anzusehen.

Aber sei gewarnt: Je mehr du dich mit der Auferstehung beschäftigst, desto schwieriger wird es dir fallen, Jesus zu verwerfen. Es gibt zahlreiche Geschichten von Menschen, die Jesus und die Auferstehung widerlegen wollten, aber schließlich überzeugt genug waren, um seine Anhänger zu werden.[2]

Dass der Tod das Ende bedeutet, ist eine Lüge. Und das ist eine gute Nachricht.

Als ich bei der Beerdigung meiner Mutter über ihr Leben und ihre Hoffnung auf die Auferstehung sprach, konnte ich meine Trauerrede nur deshalb ohne zusammenzubrechen zu Ende führen, weil ich daran dachte, dass der Tag, an dem meine Mutter starb, ihr bester Tag war. Dieser Gedanke milderte meinen Kummer. Ich wusste, dass meine Mutter nicht in dieses Leben zurückkehren wollte. Sie war in die Freude der Gemeinschaft mit Jesus eingetreten, dieselbe Gemeinschaft, die auch Maria kannte.

2 Siehe Strobel, Lee: Der Fall Jesus. Ein Journalist auf der Suche nach der Wahrheit, Aßlar: (Gerth Medien), 2014.

LÜGE NR. 7
Alle kommen in den Himmel

Würdest du gern einmal in die Zukunft schauen? Wissen, was dein zukünftiger Job ist? Wer dein zukünftiger Partner sein wird? Oder die Entwicklung des Aktienmarktes voraussehen? Wissen, wie lange du leben wirst? Oder was passiert, wenn du stirbst? Jesus hielt seine berühmteste Predigt vor einer großen Menschenmenge, die auf einem Hügel saß. Man nennt sie die Bergpredigt (**Matthäus 5–7**). Diese eine Predigt veränderte den Lauf der Geschichte; die unterschiedlichsten Persönlichkeiten wie Leo Tolstoi, Mahatma Gandhi und Dr. Martin Luther King Jr. beriefen sich auf diese Predigt als Wegweiser für das Leben.

Jesus beendet die Bergpredigt mit einer Geschichte über unsere Zukunft: deine und meine.

„Nicht alle, die »Herr, Herr« zu mir sagen, werden [darum schon] ins Himmelreich eingehen, sondern [nur], wer den

Willen meines himmlischen Vaters tut. Viele werden an jenem Tag zu mir sagen: Herr, Herr, haben wir nicht kraft deines Namens prophetisch geredet und kraft deines Namens böse Geister ausgetrieben und kraft deines Namens viele Wundertaten vollbracht? Aber dann werde ich ihnen erklären: Niemals habe ich euch gekannt; hinweg von mir, ihr Täter der Gesetzlosigkeit!" **(Matthäus 7,21–23)**

Wenn wir die Worte Jesu genau lesen, sehen wir, dass Er uns das Wichtigste sagt, was wir über unsere Zukunft wissen sollten.

Zunächst verheißt Er, dass wir am Ende unseres Lebens vor der Tür des Himmels stehen werden, zusammen mit allen, die gestorben sind und darauf warten, einzutreten. Dann offenbart Jesus, dass Er der Türhüter ist, durch den sie Zutritt erhalten. Wer darf eintreten?

Alle Wege?

Ich habe Leute sagen hören, dass alle Religionen nur verschiedene Wege auf einen Berg sind, die sich an ein und demselben Punkt vor Gott treffen. Dabei spielt es keine Rolle, ob man Christ, Muslim, Hindu oder Sikh ist.

In gewisser Weise ist da etwas Wahres dran. Jeder Mensch, egal welchen Glaubens (oder auch nicht), wird sich am Ende treffen, sagt Jesus. Aber – und das ist ein großes Aber – viele werden vor der Himmelstür abgewiesen werden. Dass jeder in den Himmel kommt, ist eine Lüge.

Nur auf den Berggipfel zu kommen, bedeutet nicht, dass man auch in den Himmel hineinkommt. An der Spitze des Berges steht Jesus. Und es gibt einige – es gibt *viele* –, die Jesus abweisen wird.

Wenn das noch nicht schockierend genug ist, solltest du dir überlegen, zu welcher *Art* von Menschen Jesus sagt: *„Hinweg von mir"*. Es sind keine Kriminellen und Waffenhändler. Es sind Prediger und Wundertäter. *„Viele werden an jenem Tag zu mir sagen: Herr, Herr, haben wir nicht in deinem Namen geweissagt und in deinem Namen Dämonen ausgetrieben und in deinem Namen viele Wunder getan?"* Das sind Leute, die etwas für Jesus tun. Und was sie tun, klingt fantastisch! Und *sie* kommen trotzdem nicht hinein – habe ich das richtig gelesen?!

Wo liegt das Problem?

Als ich diese Passage zum ersten Mal las, rutschte mir das Herz in die Hose und ich fragte mich, ob es überhaupt noch

Hoffnung für mich gibt. Wenn *diese* Leute mit diesem großartigen heiligen Lebenslauf nicht mehr dabei sind, wer auf der Erde kann dann noch in den Himmel kommen? Was haben sie falsch gemacht?

- **Haben die Leute über die Dinge gelogen, von denen sie berichten?** Nein, Jesus leugnet nicht, dass sie diese Dinge getan haben.
- **Sind sie respektlos gegenüber Jesus gewesen?** Nein, sie nennen Ihn zweimal „Herr", man spürt, dass sie sich für Jesus begeistern.
- **Haben sie ihren Glauben versteckt oder sich für Jesus geschämt?** Nein, sie haben geweissagt – das heißt, sie haben öffentlich mit der Autorität und Inspiration Gottes gepredigt.
- **Sind sie Versager gewesen?** Nein, was sie getan haben, ist spektakulär: Sie haben Dämonen ausgetrieben und mächtige Taten vollbracht.

Jesus ist sich darüber im Klaren, dass das, was du sagst, nicht genug ist. Ein Abschluss in Theologie ist nicht genug. Jesus „Herr" zu nennen, ist nicht genug. Leidenschaft ist nicht genug. Spektakuläre gute Werke sind nicht genug. Die Menschenmenge, die Jesus auf dem Hügel zuhörte, muss mit offenem Mund dagesessen haben.

Wenn Jesus für dich glaubwürdig ist, sollten seine Worte an die Menschen an der Himmelspforte dich erschrecken und dich fragen lassen: Warum werden sie am Ende aus der Gegenwart Jesu verstoßen? Was war ihr Problem, das ewige Folgen mit sich brachte?

Wer sich auf sich selbst verlässt, kommt nicht in den Himmel

Das Problem mit diesen Menschen ist einfach gesagt: Sie sind religiöse Heuchler. Obwohl sie Pastoren und Prediger sind, sind sie nur „dem Namen nach" Christen. Sie haben alle getäuscht, auch sich selbst. Sie haben alle getäuscht, das heißt, außer der einen Person, die das Herz sehen kann: Jesus.

Woran erkennen wir ihre Heuchelei? Sieh dir an, worauf sie vertrauen, um in den Himmel zu kommen – auf sich selbst! Sie verweisen auf ihre Predigten und ihre spektakulären Werke. Sie glauben an sich selbst und daran, dass sie mit ihren guten Werken das Reich Gottes erkaufen können.

Ob wir nun behaupten, Jesus zu folgen wie diese Leute oder nicht, wir können natürlich leicht in das gleiche tiefe Loch fallen, in dem wir uns selbst vertrauen, um in den Himmel zu kommen. Wir könnten versucht sein, unser soziales Engagement, unsere ehrenamtliche Arbeit, die Liebe zu unserer Familie oder unsere allgemeine Freundlichkeit als unsere Eintrittskarte zu bezeichnen. Jesus sagt: „So funktioniert das nicht."

Um es deutlich zu sagen: Das Jüngste Gericht wird nicht durch deine guten Werke entschieden. Zu glauben, dass dies der Fall ist, ist eine Lüge. Wer seine Leistung als Eintrittskarte in den Himmel geltend macht, zeigt, dass er die Erlösung nicht verstanden hat und nicht wirklich von Herzen an Jesus glaubt.

Wenn unsere Ewigkeit nicht auf unserer moralischen und religiösen Leistung beruht, worauf beruht sie dann?

Später sitzt eine andere Menschenmenge da und hört Jesus zu. Diese Menschenmenge ist ein bisschen unruhiger als die auf dem Hügel. Es gibt ein heftiges Hin und Her, bei dem Jesus eine Frage nach der anderen stellt. An einem Punkt fragt jemand: *„Was sollen wir denn tun, um die Werke Gottes zu wirken?"* (**Johannes 6,28**).

Der Fragesteller denkt, wie so viele, dass das ewige Leben auf unseren Werken und guten Taten beruht. Doch Jesus antwortet: *„Das Werk Gottes besteht darin, dass ihr an den glaubt, den er gesandt hat"* (**Johannes 6,29**).

Nur Jesus hat genug getan, um den Himmel zu verdienen, und Er ist bereit, ihn aus Liebe mit uns zu teilen. Kennen wir Jesus? Das ist die entscheidende Frage. Kennt Er uns? Haben wir alle Ansprüche auf unsere eigene Güte aufgegeben und stattdessen beschlossen, auf seine Güte zu vertrauen?

An dem Tag, an dem Jesus gekreuzigt wurde, erstickten auch zwei andere Männer langsam zu seinen beiden Seiten. Der eine beschimpfte Jesus, aber der andere gestand sein schreckliches Leben ein und schrie zu Jesus um Erlösung.

> *„Dann fuhr er fort: Jesus, gedenke meiner, wenn du in deiner Königsherrschaft kommst! Da sagte Jesus zu ihm: Wahrlich, ich sage dir: Heute [noch] wirst du mit mir im Paradies sein!"* **(Lukas 23,42–43)**

Dieser sterbende Mann konnte sich nicht mal den Schweiß und das Blut aus den Augen wischen, geschweige denn sein Leben verbessern. Es gab keine Gelegenheit für gute Werke. Alles, was er tun konnte, war, auf Jesus zu vertrauen, dass er in den Himmel kommt. Jesus wird viele von den Himmelstoren abweisen, aber dieser Verbrecher wird dort willkommen geheißen.

Moment mal!

Einen Moment, wirst du vielleicht einwenden: Sagt Jesus nicht, dass diejenigen, die *„den Willen meines Vaters im Him-*

mel" tun, seinen Anforderungen gerecht werden? Das ist doch alles widersprüchlich! Bei der Erfüllung des *„Willens Gottes"* geht es doch sicherlich darum, ein gutes Leben zu führen, oder? Nein, wie Jesus später erklärt:

> *„Denn das ist der Wille meines Vaters, dass jeder, der den Sohn sieht und an ihn glaubt, ewiges Leben habe, und ich werde ihn am letzten Tag auferwecken."* **(Johannes 6,40)**

Der Wille Gottes für dich dreht sich nicht so sehr um einen Ehepartner, einen Job oder den Wohnort. Natürlich liegen Gott diese Dinge am Herzen, aber das ist nicht das Hauptanliegen der Bibel, wenn sie über den Willen Gottes spricht. Wenn die Bibel von Gottes Willen für dich spricht, dann geht es stattdessen fast immer um deine Beziehung zu Ihm. Jede liebende Handlung, die wir tun, wird dann aus dieser Beziehung heraus entstehen. Das ist es, was eine Beziehung zu Gott überhaupt ausmacht.

Gottes Wille für uns ist, dass wir unsere Sünden bereuen und uns Jesus zuwenden, in einem echten und aufrichtigen Glauben, der von Herzen kommt. Das ist der Wille Gottes, des Vaters, für dein Leben. Und so stellst du sicher, dass Jesus dich kennt, damit du nie die schrecklichen Worte hören musst:

„Ich habe dich nie gekannt. Geh weg von mir." So bist du bereit für den Himmel.

Der kommende Tag

Ich habe erwähnt, dass ich mit dem olympischen Marathon-läufer Wesley Korir befreundet bin. Wesley lud unsere Familie ein, seinen Chicago-Marathon vor Ort zu verfolgen. Millionen von Fans sahen zu, wie Wesley den zweiten Platz belegte. Was für ein Nervenkitzel!

Nach dem Rennen begleitete ich Wesley zu den verschiedenen Veranstaltungen nach dem Rennen, zu Pressekonferenzen, Dopingkontrollen und Autogrammstunden für die zahlreichen Bewunderer und Fans. In jedem Raum saßen stämmige Männer mit Ohrstöpseln und misstrauischen Blicken. Und jedes Mal ging Wesley ungehindert an ihnen vorbei. Mir hingegen legten sie die Hand auf die Brust und blickten mich bedrohlich an, bis Wesley sich umdrehte und sagte: „Es ist okay, er gehört zu mir."

Die gute Nachricht ist, dass Jesus sagt: *„Wer zu mir kommt, den werde ich nimmer hinausstoßen"* **(Johannes 6,37)**. Diejenigen, die auf Jesus und nicht auf sich selbst verweisen, werden Jesus sagen hören: „Schön, du guter und treuer Knecht!" **(Matthäus 25,23)**. Sie werden in das ewige Leben eingehen, und Jesus wird sagen: „Sie gehört zu mir, er gehört zu mir." Und sie werden vor dem verschont, was Jesus den „*zweiten Tod*" nannte **(Offenbarung 20,6)** – die Hölle selbst.

Der Himmel ist erfüllt von Licht und Freude. Jeder Kampf und Herzschmerz, Kummer und Verlust werden für immer verschwunden sein. Wir werden das Leben so leben, wie es gedacht ist.

All die Entfremdung, die wir zwischenmenschlich in diesem Leben erleben, wird verschwinden. Jesus verspricht, dass das Beste am Himmel sein wird, dass Er dort ist, um uns zu begrüßen und mit uns zu leben. Wir werden mit Ihm ein Festmahl feiern, Ihn vollständig kennen und vollständig erkannt werden **(1. Korinther 13,12)**. Das ist in der Tat eine gute Nachricht.

LÜGE NR. 8
Ich kann mich nicht ändern

Zu der Zeit, als Jesus lebte, waren Zöllner verachtet. Als Ausverkäufer an die römischen Besatzungstruppen nahmen sie Geld von ihrem eigenen Volk und gaben es dem Feind. Sie waren berüchtigt dafür, dass sie zu viel verlangten und sich die Differenz in ihre eigene Tasche steckten.

Für den obersten Steuereintreiber in Jericho war Geld alles und es bedeutete ihm mehr als Akzeptanz oder sonst irgendetwas. Vielleicht hat Zachäus manchmal nachts im Bett gelegen und über seinen Weg nachgedacht, sich dann aber seufzend umgedreht, weil er wusste, dass es sowieso kein Zurück mehr gab. Die Gesellschaft würde ihn nie akzeptieren, also konnte er wenigstens seinen Reichtum genießen.

Das Geld hatte Zachäus' Herz fest im Griff und niemand, nicht einmal Zachäus selbst, hatte die Hoffnung, den Griff zu lockern. Es steckt viel Wahrheit in der Lüge „Ich kann mich nicht ändern." Wenn ein Mensch irgendetwas – sei es Geld, Sex oder Erfolg – zu seinem höchsten Ziel gemacht hat, dann wird alle Willenskraft der Welt diesen Gott nicht stürzen können. Einige haben offensichtliche Abhängigkeiten, die sie versklaven. Andere können dieses heimliche Laster einfach nicht abschütteln.

Eines Morgens herrschte vor dem Büro des Steuereintreibers ein reges Treiben, und Zachäus hörte in dem aufgeregten Gespräch den Namen „Jesus":

> „Jesus kam dann nach Jericho hinein und zog [durch die Stadt] hindurch. Dort war aber ein Mann namens Zachäus, der war ein Oberzöllner und ein reicher Mann. Er hätte Jesus gern persönlich gesehen, konnte es aber wegen der Volksmenge nicht, weil er klein von Gestalt war. So eilte er denn [auf dem Weg] voraus und stieg auf einen Maulbeerfeigenbaum hinauf, um ihn zu sehen; denn dort musste er vorbeikommen. Als nun Jesus an die Stelle kam, blickte er in die Höhe und rief ihm zu: Zachäus! Steige schnell herunter; denn ich muss heute in deinem Haus einkehren. Da stieg er schnell herab und nahm ihn mit Freuden [bei sich] auf." **(Lukas 19,1–6)**

Die Zöllner waren Betrüger und Kollaborateure, doch der Sohn Gottes sucht sich diesen Abschaum aus, um Zeit mit ihm zu verbringen. Es ist verständlich, dass das bei der Menge nicht gut ankommt:

„Und alle, die es sahen, murrten und sagten: Bei einem sündigen Mann ist er eingekehrt, um bei ihm zu herbergen. Zachäus aber trat zum Herrn und sagte: Siehe, Herr, die Hälfte meines Vermögens will ich den Armen geben, und wenn ich jemand betrogen habe, will ich es ihm vierfach ersetzen!
Da sagte Jesus zu ihm: Heute ist diesem Haus Heil widerfahren, weil ja auch er ein Sohn Abrahams ist. Denn der Menschensohn ist gekommen, das Verlorene zu suchen und zu retten.“ **(Lukas 19,7–10)**

Zachäus wusste, dass die Behauptung „Ich kann mich nicht ändern" ohne Jesus genau richtig ist. Sicherlich können wir eine Zeit lang kleine Anpassungen vornehmen. Aber eine echte, tiefgreifende Veränderung in unseren Herzen kann nur durch das Wirken Jesu geschehen. Ohne Ihn sind wir in unserer Sünde verloren. Jesus ist gekommen, um die Verlorenen zu suchen und zu retten.

Bei einer anderen Mahlzeit mit Steuereintreibern erklärte Jesus weiter: *„Die Starken haben keinen Arzt nötig, wohl aber die Kranken ... Ich bin nicht gekommen, Gerechte zu rufen, sondern Sünder"* **(Matthäus 9,12–13)**. Jesus weiß, dass wir unser Leben nicht in Ordnung bringen und unsere Sünden nicht abschütteln können. Deshalb ist Er gekommen. Aus eigener Kraft kann ich mich nicht ändern, aber Jesus lässt mich nicht allein.

Die Wahrheit: Jesus kann mein Leben ändern

Mein Studienfreund Paul hatte große Freude daran, so viele seiner Freunde wie möglich in seinen alten VW Käfer zu packen und die Hauptstraße von Chattanooga, Tennessee, auf und ab zu fahren, die Fäuste aus den Fenstern zu recken und den schockierten Passanten unisono zuzuschreien: „Tut Buße!"

Mein Freund Paul hielt Buße für albernen Puritanismus, eine religiöse Show aus Weinen und Jammern nach einer feurigen Predigt. Das ist nicht, was Buße heißt. Buße bedeutet nicht nur, dass wir unser Leben in Ordnung bringen oder uns nett benehmen. Daran ist nichts auszusetzen, aber es ist nicht das, was Buße meint.

Ursprünglich war das Wort „Buße" ein militärischer Marschbefehl, der „umkehren" bedeutete. Aufhören, in eine Richtung zu marschieren, und anfangen, in eine andere Richtung zu marschieren. Das bedeutet es auch im geistlichen Sinne. Wir kehren von unserem Weg ab und gehen den Weg Gottes. Reue und Glaube sind zwei Seiten derselben Medaille. Wir bereuen den Unglauben und wenden uns dem Glauben zu.

Josh war ein großer, gutaussehender Universitätsstudent in Dubai. Bei einer Wochenendfreizeit mit einer Gruppe von Christen hielt ich einen holprigen Vortrag über die große Kluft zwischen der menschlichen Sünde und der Reinheit Gottes.

Trotz meiner unbeholfenen Präsentation an diesem Abend traf die Wahrheit des Vortrags Joshs Herz wie ein Splitter. Er wälzte sich in seinem Bett hin und her, während seine Vergangenheit ihn verfolgte.

Später erzählte er mir, dass es ihm vorkam, als würde Gott sein sündiges Leben vor seinen Augen katalogisieren. Zum ersten Mal sah er, wo er die Schuld für verletzende Dinge, die er getan hatte, auf andere abwälzte. Er sah, wo er sich selbst für den Schmerz rechtfertigte, den er anderen durch seinen Egoismus zugefügt hatte, und wo er seine grausamen Handlungen gegenüber anderen ignorierte, obwohl diese Dinge Schaden angerichtet haben.

Schließlich sagte er, es sei, als würde ihn ein Gewicht in seinem Bett erdrücken. Er war an einem Punkt angelangt, an dem er „seine Sünde eingestehen" konnte. Er sah, dass es seine Sünde war, nicht die eines anderen, und dass er nichts dagegen tun konnte. Schließlich war die Last so erdrückend, dass er sich aus dem Bett rollte, auf die Knie ging und Christus um Vergebung bat.

Josh spürte, wie die Last von ihm abfiel; er erkannte die Liebe und Vergebung Christi für ihn. Im Laufe der Jahre habe ich beobachtet, wie Josh zu dem liebevollen, freundlichen Menschen heranwuchs, der er heute ist, aber das gehörte bis zu jenem Abend nicht zu seiner Laufbahn.

Josh tat an diesem Abend Buße.

Die scharfe Kante der Buße erfordert, dass wir uns unserer Sünde stellen. Solange wir das nicht tun, ist ihre Macht über uns so stark wie eh und je. Wir werden uns nicht ändern können. Wenn wir uns selbst überlassen sind, mögen wir unsere Sünde.

Aber es ist ein Geschenk, die Sünde als Lüge zu erkennen. Denn die Sünde wird dich und die, die du liebst, letztendlich zerstören. Buße beginnt also damit, dass man erkennt, dass man ein völliges Durcheinander von Sünde ist, und Gott daraufhin von Herzen um Vergebung bittet. Wir bekennen uns zu unserer Sünde und bitten um Erbarmen.

Aber wir schwelgen nicht einfach in Selbstmitleid. Wir gehen den Weg Gottes. Wir setzen unser Leben darauf, dass Jesus der ist, für den Er sich ausgibt, und dass Er tut, was Er zu tun verspricht.

Wir vertrauen Ihm unser Leben an und wissen, dass unser Glaube eines Tages Wirklichkeit werden wird. Mehr als alles andere ist der Glaube für Gott entscheidend. Die Bibel sagt, dass es unmöglich ist, Gott ohne Glauben zu gefallen **(Hebräer 11,6)**. Unsere ersten Eltern waren im Garten ungläubig gegenüber Gott, jetzt lehnen wir diesen Weg ab und kehren im Glauben und in der Überzeugung zu ihm zurück.

Wir „erkämpfen uns nicht die Gunst zurück", werden nicht „religiös", sind nicht „zimperlich und selbstgerecht". Wir vertrauen auf Jesus. Jede Beziehung erfordert Vertrauen. Und dies ist die Beziehung aller Beziehungen. In dieser Beziehung ist der Glaube zentral.

Das Erstaunliche daran ist, dass *Er* beginnt, uns von innen heraus zu verändern. Wenn wir Jesus als den sehen, der Er ist, fangen wir an, uns Veränderung zu wünschen und mit seiner Hilfe auch zu erleben. Gottes Geist wirkt in uns, um uns zu verändern.

Wenn der Geist von Jesus in uns wirkt, ersetzt Gott das Geld, das bisher in unserem Leben an erster Stelle stand. Unsere Herzen verehren nicht mehr den Sex, sondern unseren Erlöser. Wir lehnen Erfolg als unser höchstes Ziel ab, stattdessen wird es uns wichtiger, Ihn näher kennenzulernen. Unsere Hoffnung liegt nicht mehr in unserem Aussehen, unseren Fähigkeiten oder Beziehungen, sondern in Jesus. Wir bestimmen unser Leben nicht mehr selbst, sondern wir vertrauen Gott, dass Er uns führt.

Zachäus vollzog eine dramatische Kehrtwende, als er sich seine Sünde der Habgier eingestand und sofort begann, sein Geld abzugeben, nachdem er sich Jesus zugewandt hatte. Bei anderen wird der Prozess langsamer verlaufen, aber er wird stattfinden.

Es muss eine Entscheidung getroffen werden

Meine muslimischen Freunde sind immer überrascht, wenn ich sage, dass alle echten Christen Konvertiten sind. Anders als beim muslimischen Glauben wird man nicht als Christ geboren. Irgendwann trifft jeder Christ die bewusste Entscheidung, sein Vertrauen auf Jesus zu setzen und Ihm als dem Herrn seines Lebens zu folgen. Ich erkläre meinen Freunden, dass dies kein Schritt von einer Religion zur anderen ist, sondern vom Leben zum Tod und von der Dunkelheit zum Licht. Letztlich ist dies Gottes Werk in uns.

Christ zu werden ist eine große Entscheidung und möglicherweise sehr kostspielig. Die Menschen um dich herum werden vielleicht unglücklich darüber sein, dass du Lügen zurückgewiesen hast, die ihnen immer noch wertvoll sind. Aber du wirst in Jesus so viel mehr gewinnen, als du jemals von der Welt verpassen wirst.

Hier ist eine Zusammenfassung dessen, was man glauben muss, um ein Nachfolger Jesu zu werden:

- Unser Schöpfergott ist heilig, gerecht und liebevoll. Wir sind sein Volk, geschaffen nach seinem Bild. Doch obwohl wir einst in vollkommener Gemeinschaft mit Gott standen, sind wir jetzt von Ihm getrennt. Diese Trennung von Gott und seinem Volk begann mit der Rebellion seitens unserer Vorfahren.

- Im Grunde bestand die Rebellion darin, dass wir uns entschieden, Gott nicht zu glauben und stattdessen versuchten, uns selbst zu Gott zu machen. Diese verräterische Rebellion scheiterte und die Strafe war der ewige Tod. Die Sünde der Rebellion wird von Generation zu Generation weitergegeben wie ein Fluch: Alle Menschen erben Sünde und Gericht. Unsere sündige Natur macht es für jeden unmöglich, sich den Weg zurück zu Gott zu verdienen.

- Aber auch wenn wir uns den Weg aus dem Fluch nicht erkaufen oder verdienen können, hat Gott in seiner Liebe einen Ausweg zu einer liebevollen, vergebenden Beziehung zu Ihm geschaffen. Die gesamte Bibel prophezeit, dokumentiert und beschreibt das Kommen eines Erlösers, der Gottes Plan erfüllt.

- Jesus, der ganz Gott und ganz Mensch war, lebte auf der Erde als Wundertäter und Lehrer von Gottes Wegen. Er lebte ein vollkommenes Leben und wurde zum vollkommenen Opfer, um uns von dem Fluch der Sünde und des Todes zu erlösen. Jesus bezahlte die Strafe für unsere Sünden mit seinem Tod am Kreuz. Er ist aus dem Grab auferstanden, hat den Tod besiegt und bewiesen, dass das, was Er gesagt hat, wahr ist. Durch seinen Tod bietet Er jedem, der sich Ihm zuwendet, Vergebung der Sünden und das Recht, Kinder Gottes zu werden. Seine Kinder werden für immer mit Ihm leben.

- Jesus wird niemanden abweisen, der diese gute Nachricht hört und darauf reagiert. Jesus ruft uns auf, uns von unserem ungläubigen Lebensstil und der damit einhergehenden Sünde, die uns verstrickt, abzuwenden und stattdessen unser volles Vertrauen und unseren Glauben allein auf Ihn zu setzen, damit Er uns rettet. Um also ein Nachfolger Jesu zu werden, bieten wir Ihm unser Leben im Glauben an und verpflichten uns, Ihm unser ganzes Leben lang als Herrn zu folgen.

Wenn du diese wesentlichen Punkte verstehst, weißt du genug, um Jesus zu kennen. Wenn du das glaubst, dann bist du ein Gläubiger. Vielleicht findest du es hilfreich, ein Gebet wie das folgende zu sprechen – es ist eine persönliche Antwort an den Gott, der dich zu einer persönlichen Beziehung ruft:

Mein Gott und mein Vater,
ich erkenne, dass du Gott bist und nicht ich. Ich tue Buße und bereue es, dass ich ohne dich gelebt habe – so, als wäre ich Herr über mein Leben und nicht du. Bitte vergib mir, dass ich dir nicht vertraut habe. Bitte vergib mir alle meine

Sünden. Ich wende mich von meinen Sünden ab und dir zu. Danke, dass du deinen Sohn Jesus gesandt hast, um mein Retter zu sein. Danke für sein perfektes Leben und seinen Opfertod, mit dem Er für meine Sünden bezahlt hat. Danke, dass Er auferstanden ist, um mir neues Leben zu schenken. Ich vertraue auf Jesus für meine Vergebung, für mein Leben und für die Ewigkeit.

Bitte erfülle mich mit deinem Heiligen Geist und hilf mir, mit Jesus im Gehorsam zu Ihm durch dieses Leben zu gehen.

In Jesu Namen,
Amen.

Die Bibel ist eindeutig: *„Denn wenn du mit deinem Mund Jesus als den Herrn bekennst und in deinem Herzen glaubst, dass Gott ihn von den Toten auferweckt hat, so wirst du gerettet werden"* **(Römer 10,9).** Ähnlich wie Zachäus es erlebt hat, können auch wir wissen: *„Heute ist das Heil in dieses Haus gekommen."*

IN DER WAHRHEIT WANDELN

Tausende von Menschen begegneten Jesus, als Er im Palästina des ersten Jahrhunderts lebte. Sie empfanden Ihn als alles andere als irrelevant. Als sie Jesus ansahen, begegneten sie Gott. Ich hoffe, dass auch du deine eigene Begegnung mit Ihm hattest, während du dieses Buch gelesen hast.

Christus von Angesicht zu Angesicht zu begegnen, kann sich unangenehm anfühlen, weil Er die Lügen entlarvt, die wir für die Wahrheit gehalten haben. Aber Jesus arbeitet immer zu unserem Besten und befreit uns von den Lügen, die uns binden und blind machen.

„Nun sagte Jesus ...: Wenn ihr in meinem Wort bleibt, so seid ihr wahrhaftig meine Jünger und werdet die Wahrheit erkennen, und die Wahrheit wird euch frei machen."

(Johannes 8,31–32)

Wenn du auf Jesus vertraust, wandelst du jetzt in der Wahrheit. Aber wie sieht es aus, wenn man Jesus Tag für Tag nachfolgt?

Leben im Überfluss

Jesus verspricht ein Leben in Fülle. Er schenkt uns ein geistlich pulsierendes Leben, nicht nur in der Ewigkeit, sondern auch im Hier und Jetzt. Dieses Versprechen macht Er seinen Nachfolgern:

> *„Der Dieb kommt nur, um zu stehlen und zu schlachten und zu verderben; ich aber bin gekommen, damit die Schafe Leben haben und Überfluss haben."* **(Johannes 10,10)**

Ein Leben in Fülle bedeutet nicht, dass man eine Menge Zeug besitzt oder ausschweifend lebt. Es bedeutet nicht, frei von Schmerz und Leid zu sein – meide alle Prediger, die dir das erzählen.

Stattdessen bedeutet ein Leben in Fülle ein Leben, das mit Freude, Liebe und Frieden erfüllt ist. Es ist ein Leben voller guter Entscheidungen, die von Jesus gelenkt werden und zu tiefer Zufriedenheit und Genügsamkeit führen. Und diese Dinge brauchen wir gerade jetzt sehr wohl. Was sind die ersten Schritte zu diesem Leben in Fülle?

Jemandem davon erzählen

Ich hatte einen Onkel, der zum Glauben kam, während er im Ausland im Militär diente. Einige Missionare teilten die gute Nachricht von Jesus mit ihm. Danach betete Onkel Jack jahrelang für mich und war begeistert, als er hörte, dass ich zum Glauben gekommen war.

Damals ermutigte es mich, ihm meine Neuigkeiten mitzuteilen, und jetzt sehe ich, wie ermutigend es auch für Onkel Jack war. Erzähle also einem anderen Gläubigen, dass du Christ geworden bist, und es wird euch beide ermutigen.

Eine Gemeinde finden

Christ zu werden bedeutet, Teil von Gottes Familie zu werden. Für das Leben eines Christen ist es wichtig, mit anderen Gläubigen zusammenzukommen. Du wirst das Volk Jesu lieben lernen, weil ihr Ihm gemeinsam nachfolgt. Du wirst feststellen, dass sie nicht perfekt sind. Manche Christen können schwierig und launisch sein. Aber die meisten sind bewundernswert, denn sie werden Jesus immer ähnlicher. Vielleicht hat dir ein Freund dieses Buch geschenkt. Frage ihn doch nach einer Gemeinde, der du dich anschließen kannst.

Die Bibel lesen

Bevor ich Christ wurde, schien mir die Bibel uninteressant zu sein, aber als ich gläubig wurde, änderte sich mein Geschmack. Bald nachdem ich zum Glauben gekommen war, fand ich eine Bibel und verschlang sie. Etwas, das mir zuvor staubtrocken erschien, war plötzlich erfrischend wie ein eiskaltes Getränk nach einem langen Lauf in der Hitze.

Ich fand schnell heraus, dass Gott durch die Seiten der Heiligen Schrift direkt zu uns spricht. Ich lernte Jesus näher kennen. Ich verstand mehr über mich selbst, die Welt und das christliche Leben. Gott spricht mir täglich gültige Wahrheit, Trost und Hoffnung zu, wenn ich sein Wort lese.

Die Bibel ist ein dickes Buch; manchmal ist es schwer zu wissen, wo man anfangen soll. Ich empfehle, zuerst die vier Berichte über das irdische Leben Jesu zu lesen – Matthäus, Markus, Lukas und Johannes. Dabei stößt du unter anderem auch auf die verschiedenen Begegnungen mit Jesus, die wir in diesem Buch angeschaut haben.

Beten

Das Gebet ist eine fantastische Gabe; es ist ein wenig ehrfurchtgebietend, dass der Gott des Universums verspricht, in der Bibel zu uns zu sprechen und uns auch zuzuhören. Erzähle Jesus also von deinen Kämpfen, Sorgen und Fragen und bete von Herzen. Er gibt uns nicht immer das, worum wir bitten, aber immer das, was für uns am besten ist.

Anderen von Jesus erzählen

Einmal heilte Jesus einen Mann, der blind geboren worden war. Die feindseligen religiösen Autoritäten riefen den Mann zu sich. Er wusste auf ihre Fragen keine Antwort und sagte ihnen deshalb: *„[Das] weiß ich nicht; eins aber weiß ich, dass ich blind gewesen bin und jetzt sehend bin."* **(Johannes 9,25)**.

Bei uns ist es ähnlich. Wir haben vielleicht nicht alle Antworten, aber wir können anderen erzählen, was Jesus für uns getan hat. Deine Freunde werden das vielleicht nicht sofort verstehen. Sie werden vielleicht Fragen stellen, die du nicht beantworten kannst, aber lass dich nicht davon abhalten, das, was du erlebt hast, mit ihnen zu teilen.

Einige werden dich vielleicht als Freund ablehnen, so wie es bei mir auch war, und das ist nicht leicht. Aber denke in Zeiten der Ablehnung daran, dass Jesus – der Weg, die Wahrheit und das Leben – es wert ist. Er wird immer zu dir halten: *„Ich bin bei euch alle Tage"*, verspricht Jesus, *„bis ans Ende der*

Weltzeit!" **(Matthäus 28,20).** Derjenige, der dich zurückweist, kann dich nicht von der Sklaverei der Sünde befreien und dir ein erfülltes, ewiges Leben schenken, aber Jesus kann es. Er wird dich niemals im Stich lassen.

Gut sein?

Jesus litt sechs Stunden lang am Kreuz. Es war ein qualvoller Tod. Zu seinen beiden Seiten hingen zwei Verbrecher, die ebenfalls gekreuzigt wurden. Einer bat darum, dass Jesus sich an ihn erinnern solle, wenn Jesus in sein Reich käme. Jesus versprach dem Betrüger, dass er noch am selben Tag mit Ihm im Himmel sein würde. Der Verbrecher hatte keine guten Werke in seinem Leben vorzuweisen. Er hatte nur den Glauben.

Wie der Verbrecher am Kreuz kommen wir durch Glauben zu Jesus und nicht, indem wir uns Gottes Gunst verdienen. Die Erlösung ist ein kostenloses Geschenk. Aber heißt das, dass wir keine guten Taten für Gott vollbringen müssen? Können wir einfach leben, wie wir wollen, solange wir darauf vertrauen, dass Jesus unsere Sünden vergibt?

Gute Werke sind nicht der Preis für unsere Erlösung. Sie sind vielmehr das Privileg derjenigen, die gerettet sind. Jetzt, wo wir zu Jesus gehören, füllt Gott unser Leben mit einem wunderbaren Zweck: Ihn zu lieben, indem wir andere lieben. Jenseits der Tür, die mit „Erlösung" beschriftet ist, gibt es einen Weg voll von Gelegenheiten, Gutes zu tun, von einem liebenden himmlischen Vater wie Geschenke verpackt. Sie sind überall.

Wenn wir Christen werden, sendet Jesus seinen Geist, der in uns lebt und uns verändert. Es geschieht nicht alles auf einmal, aber der Geist verändert uns mit der Zeit, damit wir Jesus ähnlicher werden; liebevoller und freudiger, voller Frieden und Vertrauen.

Es ist der Geist, der uns so verändert, dass wir das Richtige tun *möchten*. Jeder Tag quillt über von christusähnlichen Taten, die wir tun können: Großzügigkeit, Freundlichkeit, Gastfreundschaft, Ermutigung – die Liste ist endlos. Auf diese Weise zu leben ist ein großer Segen – viel besser als die Dunkelheit, die Lügen und Sklaverei des alten Lebens. In der Wahrheit zu wandeln, bedeutet, in Licht und Freiheit zu leben.

Das ist Leben im Überfluss.

Jesus ist in den letzten fünfzig Jahren mein Freund, Retter und Herr gewesen, und ich kann bezeugen, dass sich seine Worte in meinem Leben als gültig und wahr erwiesen haben: Mit Ihm habe ich das Licht des Lebens kennengelernt.

Ich bete, dass du die Lügen durchschaust, die du über Jesus gehört oder geglaubt hast, und Ihn als den anerkennst, der Er ist. Er ist es wert, dass du Ihm vertraust, Ihn anbetest und Ihm dein ganzes Leben widmest. Lasst uns Ihm also gemeinsam nachfolgen.

Und schreib mir: **mackstiles@gmail.com**. Ich freue mich, von dir zu hören, und werde versuchen zurückzuschreiben.

Danksagungen

George Bernard Shaw sagte: „England und Amerika sind zwei Länder, die durch eine gemeinsame Sprache getrennt sind." Doch diese Trennung hat die beiden Briten, die mit mir an diesem Buch gearbeitet haben, nicht gehindert, diesem Amerikaner unvergleichliche Gnade und Barmherzigkeit zu zeigen. Sheri Newton und Jonathan Pountney haben gezeigt, dass das Evangelium größer ist als unsere Unterschiede, und dafür bin ich ihnen ewig dankbar.

304509

Jochen Klein

Christentum und Gesellschaft

Wovon wird unser Denken beeinflusst?

Taschenbuch, 104 Seiten

€ 2,90

Die Frage, ob Gott existiert, ist wichtig.

Deshalb spielt sie für viele Menschen eine große Rolle. In diesem Buch wird gezeigt, wie es dazu kam, dass viele Menschen darauf eine Antwort fanden. Es geht um die Ausbreitung des Christentums und die Verbreitung der Bibel, aber auch um Gegenbewegungen, die mit Gewalt oder mit Worten verhindern wollten, dass sich die Botschaft des Christentums verbreitete. Dabei merkt man schnell, wie sich das Christentum und unsere Gesellschaft gegenseitig beeinflussen und welche Auswirkungen dies auf unser Leben hat.

304695

Jochen Klein

Christentum und Gesellschaft 2

Kritisches zu aktuellen Strömungen

Taschenbuch, 136 Seiten

€ 3,90

Die Frage, ob Gott existiert, ist wichtig.

Im ersten Band dieser Reihe ging es um die Ausbreitung des Christentums und die Verbreitung der Bibel, aber auch um Gegenbewegungen, die verhindern wollten, dass sich die christliche Botschaft ausbreitete. In diesem zweiten Band werden noch weitere dem Christentum entgegenstehende Strömungen behandelt. Er ist einerseits als Ergänzungsband zu verstehen, andererseits aber auch in sich abgeschlossen. Das Ziel ist, deutlich zu machen, wie sich Christentum und Gesellschaft gegenseitig beeinflussen und welche Auswirkungen dies auf unser Denken und Handeln hat - und den Weg zu zeigen, auf dem man Gott finden kann. Super hilfreich für Schüler in der Oberstufe, aber auch evangelistisch gut geeignet!